ACCÈS Éditions

55 jeux de nombres

pour construire le concept de nombre
chez les enfants de 2 à 6 ans

CARO
Illustratrice

Gérard BRASSEUR
Instituteur Maître-Formateur

Sommaire

Présentation

[L'enfant et les nombres au cycle 1 ... 3]
[Nos propositions ... 6]
[Utiliser 55 Jeux de nombres au cycle 1 ... 7]
[Bibliographie ... 9]

Identifier les nombres

[Au supermarché ... 12]
[Dans la rue ... 14]
[Repérage des graphies (1 à 9) ... 15/23]
[Le jeu des 7 familles mathématiques ... 24]
[Le poisson puzzle ... 26]

Dénombrer

[La comptine numérique de référence ... 30/31]
[Comptines numériques, à jouer, à mimer, à questions ... 32/34]
[Le compte est bon ... 35/37]
[À la ferme ... 38]
[Quel désordre ... 39]
[Joue avec 3, 4, 5. Joue avec 6, 7, 8 ... 40/41]
[Le jeu de quilles ... 42]
[La chasse aux nombres ... 44]

Comparer

[La bataille des constellations ... 50]
[Il y en a moins, plus, autant ... 53/55]
[Qui en a le plus ? ... 56]
[Il y en a autant ... 58/60]
[Y en a-t-il assez ? ... 61]
[À table ... 62]
[Les jouets ... 63]

Résoudre un problème

[Le jeu des collectionneurs ... 66]
[Devine le nombre ... 68]
[Les perles cachées ... 69/70]
[Les cartes cachées ... 71/72]
[Joue au marchand, au libraire ... 73/74]
[Prépare le goûter ... 75]
[Le nombre mystère ... 76/79]

L'enfant et les nombres au cycle 1

Le point de vue des chercheurs

L'évolution des recherches et des programmes révèle l'existence de deux problématiques différentes dans l'acquisition de la notion de nombre.
Certains chercheurs mettent l'accent sur l'acquisition empirique de la chaîne numérique et de ses propriétés *« est vrai ce que je vois, ce que je compte ».*
D'autres chercheurs insistent plutôt sur le développement des fondements logiques et notionnels « *est vrai ce que je conclus* ».

[L'expérience de Piaget sur la conservation de la quantité

Si on présente à l'enfant deux collections de 6 jetons bleus et rouges et qu'après avoir écarté les jetons bleus, on lui demande de comparer les deux collections, il répond très souvent qu'il y a plus de jetons bleus. L'enfant qui donne cette réponse n'a pas encore acquis la conservation de la quantité.

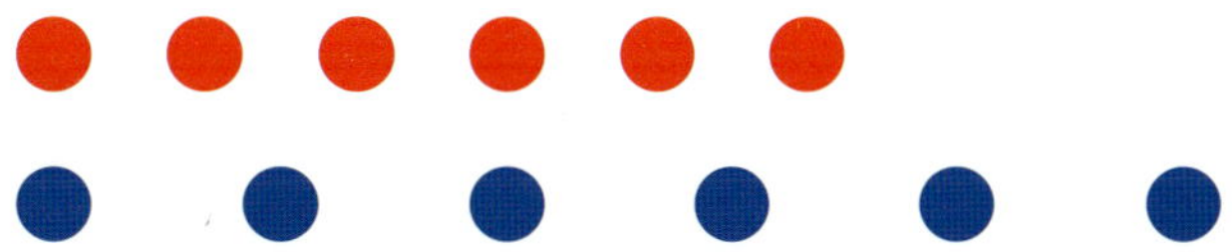

Piaget en conclut que la construction du nombre n'apparaît effective que dans la mesure où l'équivalence de deux ensembles numériques est admise par le sujet quelles que soient les transformations figurales qu'on leur fait subir. La correspondance terme à terme joue donc un rôle fondamental dans cette construction.
Piaget a utilisé ces faits pour montrer que l'accès au nombre était tardif (cinq-six ans) contrairement à ce qu'aurait pu laisser supposer l'utilisation de la comptine numérique par ces mêmes enfants.

[L'importance du langage dans l'acquisition de la notion de nombre

Les chercheurs ont montré que dans les travaux de Piaget la maîtrise des notions étudiées est directement liée aux aptitudes à manipuler verbalement celles-ci : on ne peut pas toujours faire la part de ce qui est notionnel et langagier.
Ils montrent également que les procédures de dénombrement s'avèrent relativement précoces et efficaces. Ce qui pose problème, c'est leur emploi sporadique et limité à certaines situations : nombre réduit d'éléments, type d'épreuves. La présence de deux collections peut soit favoriser soit inhiber le comptage selon que la tâche demandée est dynamique (faire pareil que) ou statique (constater).

[L'influence des chercheurs sur la manière de penser les premiers apprentissages à l'heure actuelle : les travaux de Rémi Brissiaud, de R. Gelman et C.R. Gallistel

Il ne s'agit plus d'attendre que les enfants aient acquis la conservation de la quantité telle que l'a défini Piaget pour leur proposer des activités numériques ; il s'agit plutôt d'utiliser ce que savent déjà les enfants à propos du nombre pour leur proposer une approche diversifiée leur permettant à la fois de consolider et d'élargir leurs connaissances. Cette approche ne peut se faire qu'en leur proposant des situations dans lesquelles ils vont utiliser le nombre comme outil.
Une première étape serait ainsi axée sur l'utilisation du nombre comme outil de communication avec des activités autour de comptines, de livres à compter, de calendriers, de comptages divers au sein de la classe (le comptage numérotage selon Rémi Brissiaud).

Une autre étape serait alors de passer de la récitation de la comptine numérique au dénombrement en mettant en œuvre les principes de R. Gelman et C.R. Gallistel qui définissent la procédure de dénombrement :

- être capable d'assigner à chaque objet un seul mot-nombre,
- être capable de réciter de façon stable une partie de la comptine, c'est-à-dire utiliser les mots-nombres dans un ordre stable,
- savoir gérer la collection d'objets à dénombrer, c'est-à-dire distinguer les objets comptés de ceux qui ne le sont pas encore,
- être capable de dénombrer des objets de nature différente,
- être capable d'associer le dernier mot énoncé au nombre d'éléments de la collection, savoir que ce mot correspond à la question « *combien* » et qu'il représente une quantité indépendante de l'ordre dans lequel on a compté les objets.

[Comment prendre en compte les résultats de ces recherches ?

Ces recherches mettent en évidence deux observations.

- La grande diversité des savoirs enfantins : des enfants de 3 ans peuvent proposer des procédures de dénombrement dans un champ numérique restreint et des enfants de 6 ans peuvent ne fournir aucune réponse numérique aux questions posées.
- L'instabilité des comportements d'une situation à l'autre : un enfant n'a pas de procédures privilégiées qu'il applique systématiquement à toutes les situations. Les constats de réussite sont fonction de la taille des nombres.

Reste à construire plutôt qu'une progression linéaire, des cheminements parallèles permettant de confronter les élèves à divers aspects du nombre en prenant en compte ses connaissances initiales. Tout en restant dans un champ numérique relativement restreint (de 1 à 15 voire 20), l'école maternelle peut enrichir les connaissances des jeunes enfants et développer des savoir-faire concernant le nombre. L'un des enjeux de la construction du nombre en maternelle est que les structures numériques, logiques et langagières ne s'opposent pas, mais s'articulent et s'imbriquent les unes dans les autres.

L’approche des quantités et du nombre dans les programmes de 2008

L’approche des quantités et des nombres à l’école maternelle est intégrée dans l’un des grands domaines d’apprentissage « Découvrir le monde ».

Approcher les quantités et les nombres

L’école maternelle constitue une période décisive dans l’acquisition de la suite des nombres (chaîne numérique) et de son utilisation dans les procédures de quantification. Les enfants y découvrent et comprennent les fonctions du nombre, en particulier comme représentation de la quantité et moyen de repérer des positions dans une liste ordonnée d’objets.

Les situations proposées aux plus jeunes enfants (distributions, comparaisons, appariements...) les conduisent à dépasser une approche perceptive globale des collections. L’accompagnement qu’assure l’enseignant en questionnant (comment, pourquoi, etc.) et en commentant ce qui est réalisé avec des mots justes, dont les mots-nombres, aide à la prise de conscience. Progressivement, les enfants acquièrent la suite des nombres au moins jusqu’à 30 et apprennent à l’utiliser pour dénombrer.

Dès le début, les nombres sont utilisés dans des situations où ils ont un sens et constituent le moyen le plus efficace pour parvenir au but : jeux, activités de la classe, problèmes posés par l’enseignant de comparaison, d’augmentation, de réunion, de distribution, de partage. La taille des collections, le fait de pouvoir agir ou non sur les objets sont des variables importantes que l’enseignant utilise pour adapter les situations aux capacités de chacun.

À la fin de l’école maternelle, les problèmes constituent une première entrée dans l’univers du calcul mais c’est le cours préparatoire qui installera le symbolisme (signes des opérations, signe « égal ») et les techniques.

La suite écrite des nombres est introduite dans des situations concrètes (avec le calendrier par exemple) ou des jeux (déplacements sur une piste portant des indications chiffrées). Les enfants établissent une première correspondance entre la désignation orale et l’écriture chiffrée ; leurs performances restent variables mais il importe que chacun ait commencé cet apprentissage. L’apprentissage du tracé des chiffres se fait avec la même rigueur que celui des lettres.

[Compétences relatives aux quantités et aux nombres]

À la fin de l’école maternelle, l’enfant est capable de :

- comparer des quantités, résoudre des problèmes portant sur les quantités,
- mémoriser la suite des nombres au moins jusqu’à 30,
- dénombrer une quantité en utilisant la suite orale des nombres connus,
- associer le nom de nombres connus avec leur écriture chiffrée.

Nos propositions

Plutôt qu'une progression linéaire, on construira des cheminements parallèles en multipliant les approches et les contextes, on combinera un apprentissage verbal du nombre avec des expériences qui ne font pas appel au langage.

Les connaissances de l'enfant se construiront autour d'une dialectique « outil-objet »: Les nombres sont utilisés tantôt comme un outil pour résoudre un problème sans que l'on se pose trop de questions à leur sujet, tantôt en tant qu'objets mathématiques pour éclairer la manière dont on les désigne et mettre en évidence leurs propriétés et leurs relations.

Une approche multipliant les entrées

[**La manipulation, le jeu.** Les mises en scènes à caractère ludique constituent une entrée essentielle dans l'univers des nombres. Les activités proposées dans le dossier seront systématiquement précédées d'une phase manipulatoire ou viendront en support à celles-ci.

[**La dimension visuelle.** C'est l'observation spontanée et analogique de la globalité d'une collection mettant en œuvre la perception globale visuelle. Elle est possible pour des quantités inférieures à 6 ou pour des constellations dont la configuration spatiale est familière (double dé, double domino).

[**La dimension verbale.** Elle est liée aux structures langagières (comptage numérotage, récitation de la comptine numérique) où le dernier mot-nombre prononcé est associé à la quantité totale observée.

[**L'entrée graphique.** Écrire des nombres, dessiner des collections…

Lier ordinalité et cardinalité

L'ordinalité permet le repérage du nombre dans un cadre spatial (la bande numérique) ou temporel (la comptine). Elle permet de construire une suite infinie de nombres à travers l'algorithme de la numération décimale.

La cardinalité permet l'exploitation du nombre comme outil de communication des quantités.

Il est important de proposer à l'enfant des activités mettant en œuvre ces deux aspects du nombre. Par exemple en liant toute activité de récitation de la comptine numérique à des activités de dénombrement.

Entrer dans la symbolisation schématique

Il s'agit d'aider l'enfant à faire le lien entre les différentes formes symboliques du nombre qui se déclinent ainsi:

- le nombre verbalisé oralement (symbolisation langagière) .... la comptine numérique
- le nombre écrit littéralement (symbolisation langagière) .... un, deux, trois…
- la collection-témoin naturelle (symbolisation figurative) .... la main, le pied
- la constellation (symbolisation figurative) .... le dé, le domino
- le nombre écrit en chiffres (symbolisation schématique) 0,1,2,3,4,5,6,7,8,9

Quel champ numérique aborder ?

Quatre domaines numériques sont à différencier:

- les nombres visualisables (jusqu'à 5 ou 6) où il y a reconnaissance globale et rapide du nombre, où une collection peut être représentée mentalement,
- les nombres familiers (jusqu'à 19) où la comptine est maîtrisée,
- les nombres fréquentés (jusqu'à 30 environ) que l'enfant manipule moins souvent et où les savoirs sont encore fragiles,
- les grands nombres que l'enfant ne peut pas appréhender et qui sont à.explorer pour prendre conscience de l'étendue du domaine numérique.

Utiliser 55 Jeux de nombres au cycle 1

La progression

Les activités sont classées en quatre grandes rubriques correspondant aux compétences numériques de base.

- Identifier les nombres
- Dénombrer
- Comparer
- Résoudre un problème portant sur des quantités numériques

Les supports

Trois types de documents sont proposés pour chaque rubrique.

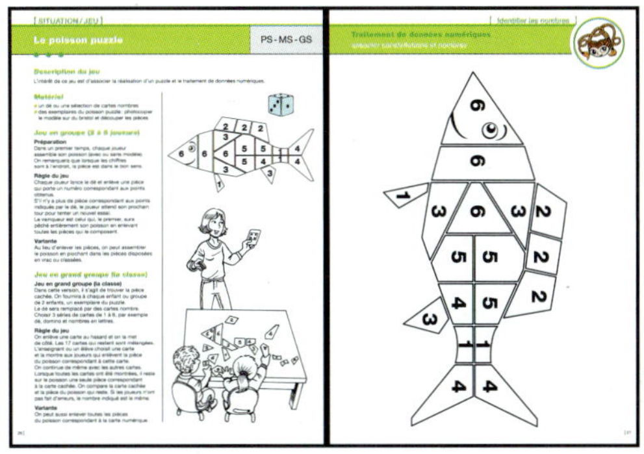

[Les situations/jeux

Destinées à l'enseignant, ce sont des situations d'apprentissage mises en œuvre à travers des jeux, des manipulations, des problèmes à résoudre, des situations fonctionnelles ou rituelles dans le cadre de la vie de la classe ou d'un centre d'intérêt amené par l'enseignant.

[Les activités

Photocopiables, ces fiches interviennent toujours à l'issue d'une phase manipulatoire.

Elles sont conçues pour fournir un support visuel d'activité à mener en groupe ou individuellement, mais elles peuvent aussi constituer un outil d'évaluation.

Très souvent, les fiches photocopiables peuvent faire l'objet d'une transposition sous la forme de manipulation de collections d'objets. Cette utilisation sera privilégiée en PS.

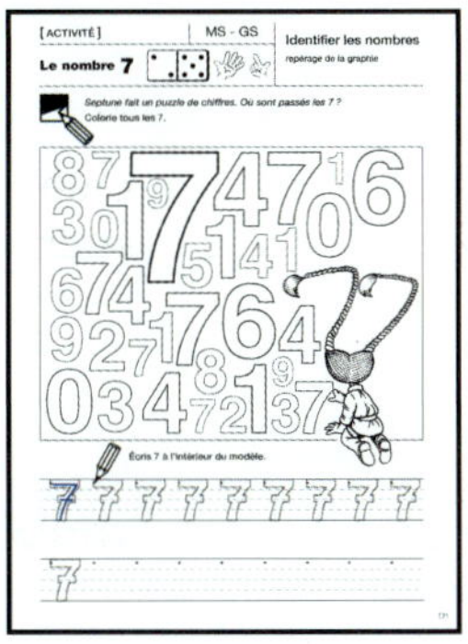

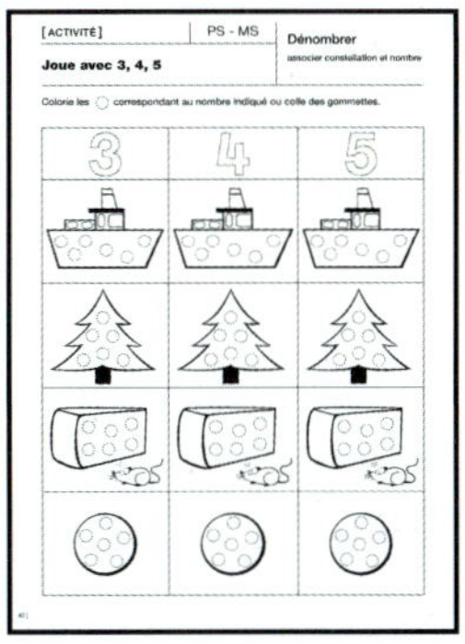

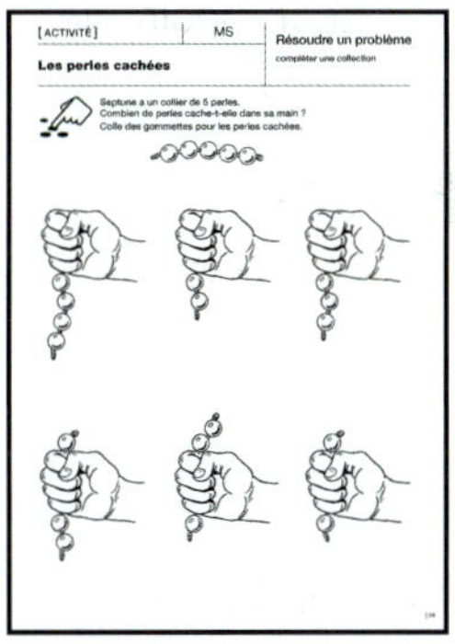

[Les cartes numériques

Elles constituent un véritable matériel de référence mettant en scène les différentes formes graphiques des nombres.

L'enfant retrouve ainsi les mêmes supports dans les jeux, dans les exercices mais aussi dans les différentes représentations et affichages de la file numérique de référence.

La répétition active ainsi induite permet à l'enfant de multiplier les contextes, de fixer et d'associer les différentes représentations graphiques et de construire peu à peu le concept de nombre.

Conseil : photocopier les planches en plusieurs exemplaires sur bristol avant de les détacher afin de disposer de jeux complémentaires qui permettront de démultiplier certains ateliers.

La mise en œuvre des activités

Le niveau de difficulté

Selon les activités et le niveau, les jeux de nombre peuvent être utilisés le plus souvent en grand groupe ou en atelier.

Le niveau de difficulté (PS, MS, GS) est directement indiqué pour les activités.

Dans les situations/jeux, une progression et des variantes permettent l'adaptation au niveau de la classe.

Consignes, pictogrammes

Les différentes consignes extrêmement simples et visualisées par des pictogrammes facilitent l'autonomie de l'enfant.

Liste des pictogrammes

colorie 

colle les gommettes 

dessine 

écris 

entoure 

joue avec les cartes 

relie 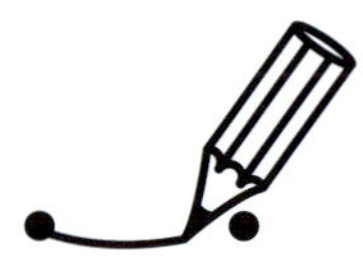

découpe 

Les scénarios

Les activités sont toujours introduites à partir d'un petit scénario ou d'une histoire animée par les deux enfants, Septune et Troisix, que l'on retrouve tout au long du document. Les petites mises en scène visuelles ou les histoires racontées par l'enseignant susciteront l'intérêt et la complicité de l'enfant qui se prendra vite au jeu.

La correction facilitée

Dans certaines fiches activités, le corrigé apparaît directement en vert, mais reste invisible à la photocopie. Ce procédé représente un gain de temps et de place en facilitant la tâche de l'enseignant.

Bibliographie

[Ouvrages

- Les bébés et le calcul (Gelman et Gallistel - 1983 - La Recherche - n° 149)
- L'enfant et le nombre (M. Fayol - Delachaux et Niestlé - 1990)
- Partager, c'est compter (O. Frydman - La Recherche - n° 215 - 1989)
- Revue Éducation enfantine n° 9 - Mai 2001
- Comment les enfants apprennent à calculer (Rémi Brissiaud - Retz)
- Les mathématiques vivantes en petite section (Denise Chauvel - Danièle Wach- Retz)
- Apprentissages numériques en grande section (ERMEL - Hatier 1990)
- « Activités numériques à l'école maternelle » et « Comptines » (AGIEM de l'Aude)
- Lire, écrire, compter à l'école maternelle (AGIEM du Nord)
- Revue Grand N (IREM de Grenoble)
- La construction des nombres (François Boule - Armand Colin)

[Outils pédagogiques, jeux

- Atout Clic Éveil Mathématiques 4-6 ans : les imbattables (Hachette Éducation 1998)
- Mystéro (Jeu) de Michel et Robert Lyons (Éditions Chenelière/MC Graw-Hill) disponible à Pirouette Éditions - 7b rue des artisans - 67920 Sundhouse
- Coffret « L'arbre aux cerises » CRDP de Bretagne (1996)
- Logiciel « J'apprends à compter avec Floc » Floc Production Multimédia 25bis rue de la Fédération - 93100 Montreuil

[Sites internet intéressants

http://momes.net	[une véritable mine de jeux, d'activités de comptines]
http://cartables.net	[portail très complet de sites ressources]
http://sitinstit.net	[anneau de sites écoles référencés]
http://ecoledespetits.free.fr	[fiches d'activité à télécharger]
http://perso.orange.fr/jeux.lulu/index	[jeux et activités sur internet]
http://lencrier.net	[police cursive et activités]
http://www.ageem.com	[portail éducation de l'AGEEM]
http://matvhugo.free.fr	[site école intéressant : jeux, activités, liens]
http://www.scolasite.com	[choix de sites pour l'enseignant]
http://www.educasource.education.fr	[ressources et documentation pour l'enseignant]
http://www.education.gouv.fr	[site du ministère, programmes officiels…]

[Remerciements

- Yves Cohen et les collègues de l'école maternelle Victor Hugo à Saint-Ouen (93)
- Martine Florent, professeur des écoles à Hoenheim (67)
- Bernadette Millour, professeur des écoles à Wiwersheim (67)

Identifier les nombres

Le nombre est considéré ici comme un outil qui permet de communiquer une information, une quantité numérique. C'est le nombre que l'enfant voit et entend dans la vie quotidienne (publicités, affichages…). A travers des activités de perception globale, en associant les représentations langagières et visuelles du nombre, l'enfant découvre l'aspect cardinal du nombre.

Découvrir et reconnaître les chiffres, les nombres

Deux situations centrées sur l'aspect graphique du nombre. L'enfant est amené à repérer les différentes graphies que l'on rencontre dans des cadres familiers : le supermarché et la rue.
Les deux thèmes pourront être précédés d'une sortie sur le terrain où l'on recherchera tous les éléments numériques ainsi que d'activités thématiques de langage en classe.

« Au supermarché » (pages 12 et 13)

Cette fiche grand format favorisera les activités de langage : repérer les différents lieux et lire les nombres affichés.
Assis autour de la maîtresse, on effectue un parcours « à questions » dans l'image avec Septune et Troisix. On passe ainsi en revue tous les éléments numériques : prix, promos, numéros de caisse, numéro d'allée, affiches, heure, âge pour les habits…
Prolongement ou variante : en petits groupes, distribuer des photocopies du document et colorier tous les nombres.

« Dans la rue » (page 14)

Un autre thème où le document se prêtera plutôt à une activité individuelle ou par petits groupes. Photocopier la fiche, la distribuer et demander aux enfants de colorier tous les nombres.
Procéder ensuite à une restitution collective en nommant les différents éléments et leurs indications chiffrées (panneaux code de la route, voiture de pompier, borne, numéro de bus…).

Repérer les graphies

Il s'agit d'amener l'enfant à repérer et à mémoriser les caractéristiques graphiques et typographiques du chiffre en le distinguant d'autres signes.
Pour favoriser la mémorisation de ces graphies, on peut utiliser la série de cartes numériques « *Les nombres se déguisent* » où l'on joue sur les analogies visuelles et sonores.

Identifier les nombres

se familiariser avec
les représentations graphiques

[ACTIVITÉ] | PS - MS - GS

Identifier les nombres

se familiariser avec
les représentations graphiques

Dans la rue

Colorie tous les nombres.

[ACTIVITÉ] | MS - GS

Le nombre 1

Identifier les nombres

repérage de la graphie

1 *Septune s'amuse avec les chiffres et les lettres.*

Entoure tous les 1.

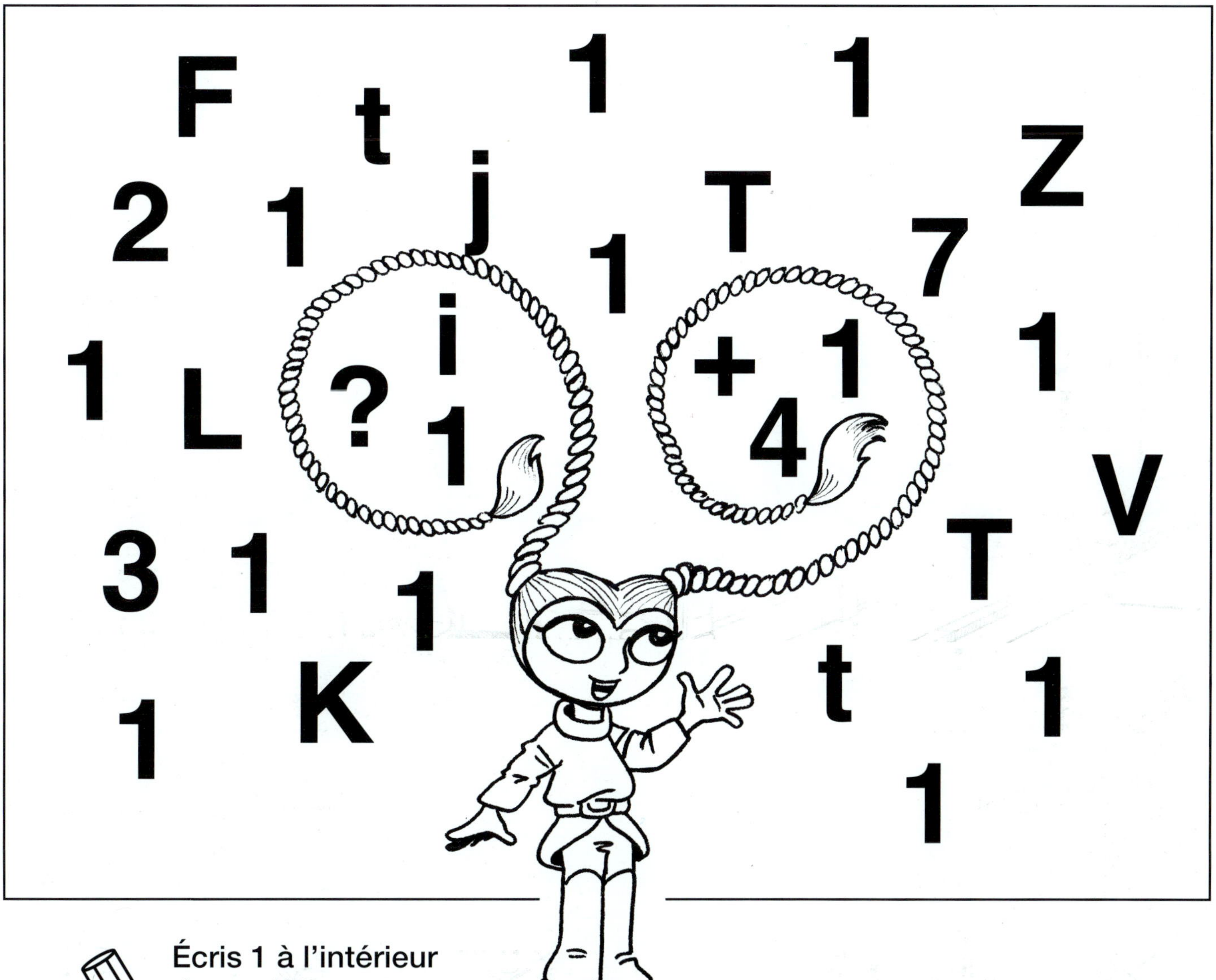

Écris 1 à l'intérieur du modèle.

[ACTIVITÉ] | MS - GS | **Identifier les nombres**

repérage de la graphie

Le nombre 2

2 *Septune aime bien les 2, on dirait des cygnes qui nagent sur l'eau.*
Entoure tous les 2.

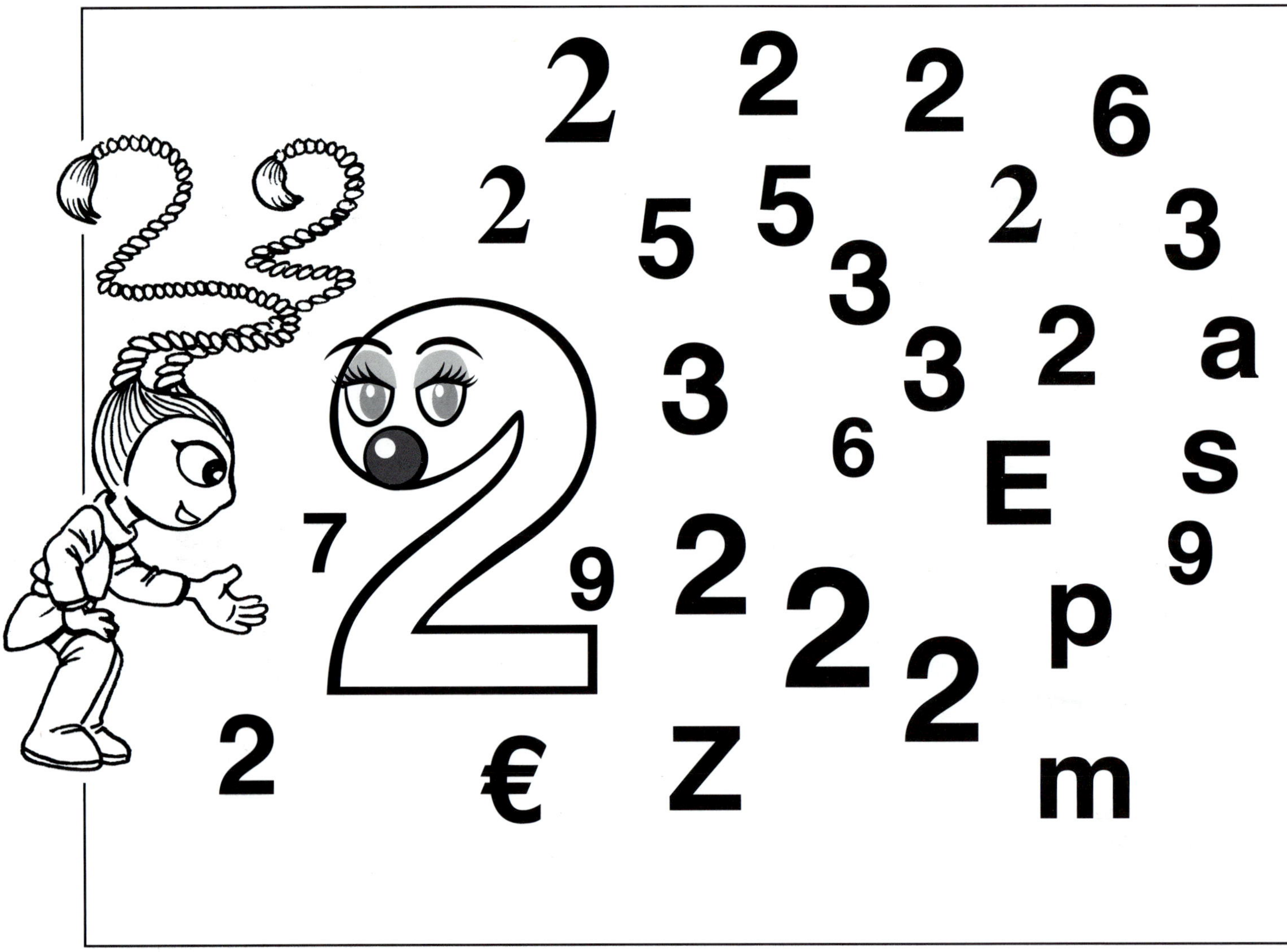

Écris 2 à l'intérieur du modèle.

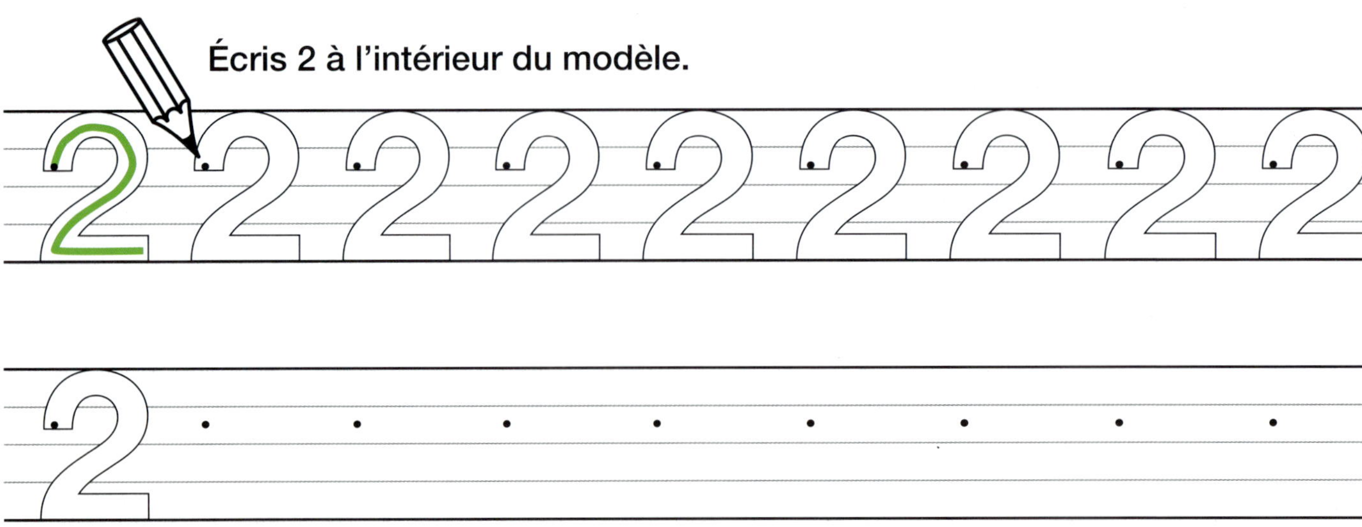

[ACTIVITÉ] MS - GS

Le nombre 3

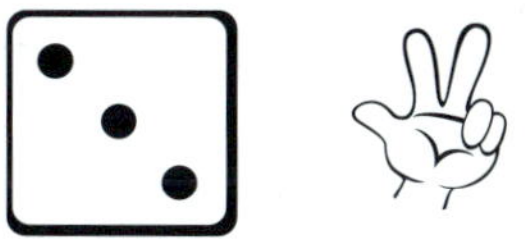

Identifier les nombres

repérage de la graphie

Septune jongle avec les chiffres et les lettres.

Entoure tous les 3.

Écris 3 à l'intérieur du modèle.

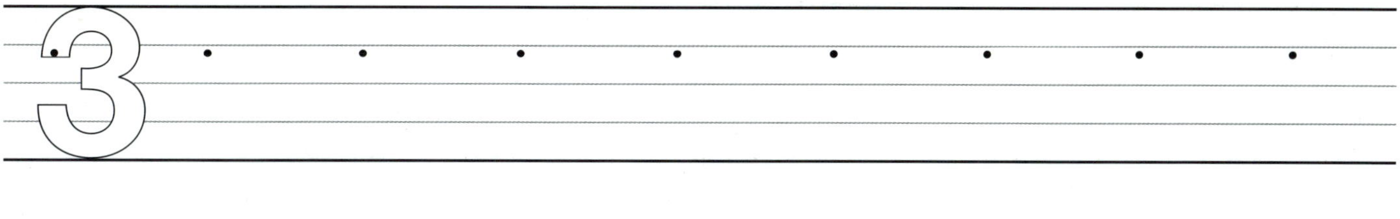

[ACTIVITÉ] | MS - GS

Identifier les nombres

repérage de la graphie

Le nombre 4

4 *Septune s'est installée sur le 4 et joue au cheval.*

Entoure tous les 4.

7 4 5 k 2 4 7 t z

s 4 3 T A 4

1 z 3 4 1 7 €

4 5 2 a c 4

n 4 v 5 6 4 k 5

Écris 4 à l'intérieur du modèle.

4 4 4 4 4 4 4 4 4

4

[ACTIVITÉ] | MS - GS

Le nombre 5

Identifier les nombres

repérage de la graphie

Septune a renversé un grand sac de chiffres et de lettres.

Entoure tous les 5.

5 h 6 2

S 5

1 3 4 k n

3 5 9 5 Z 2

R

S P 3 5

7

5 2 4 5 7 a 5

d

3 S 5 k z €

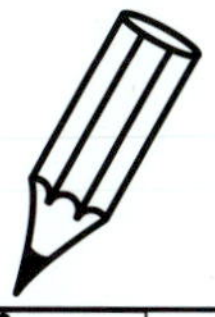

Écris 5 à l'intérieur du modèle.

[ACTIVITÉ] | MS - GS

Identifier les nombres

repérage de la graphie

Le nombre 6

Septune joue à « chiffre vole ». On lance les chiffres et on les rattrape.

Colorie tous les 6.

Écris 6 à l'intérieur du modèle.

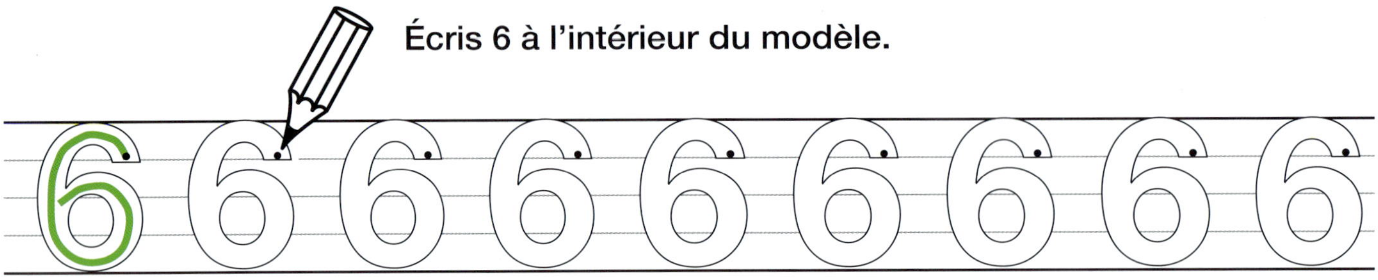

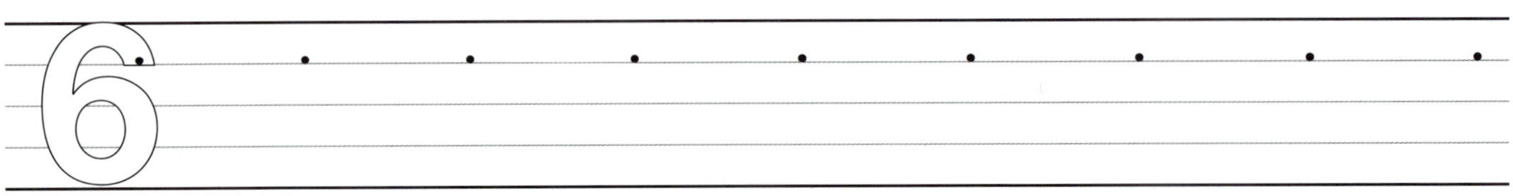

[ACTIVITÉ] | MS - GS

Identifier les nombres

repérage de la graphie

Le nombre 7

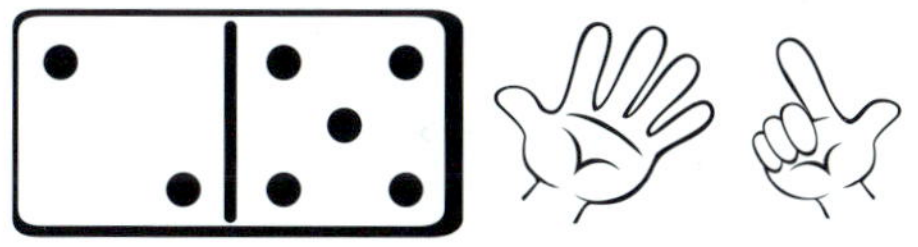

Septune fait un puzzle de chiffres. Où sont passés les 7 ?

Colorie tous les 7.

Écris 7 à l'intérieur du modèle.

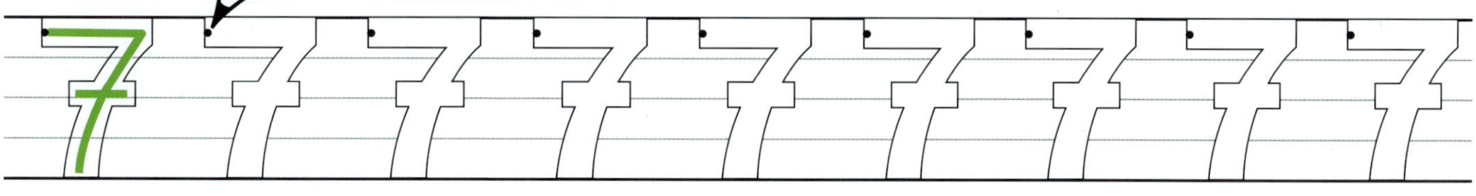

[ACTIVITÉ] | MS - GS

Identifier les nombres

repérage de la graphie

Le nombre 8

Septune a construit une pyramide de chiffres.

Colorie tous les 8.

Écris 8 à l'intérieur du modèle.

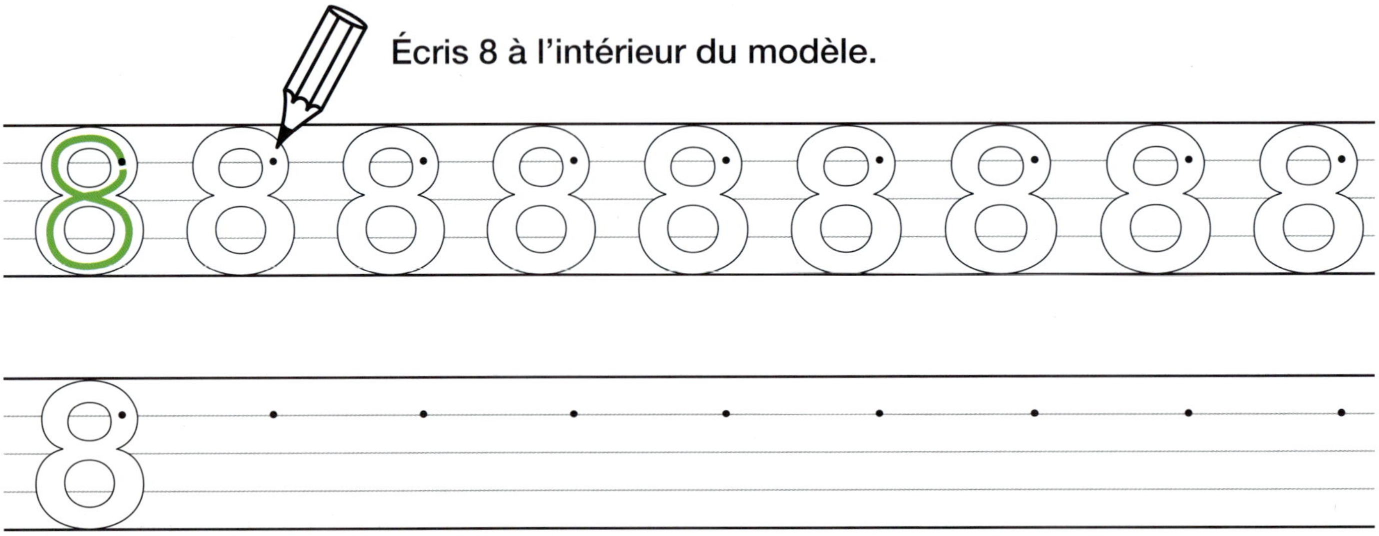

[ACTIVITÉ] | MS - GS

Identifier les nombres

repérage de la graphie

Le nombre 9

Septune a écrit un code secret.
Combien vois-tu de 9 ?

Colorie tous les 9.

9b5p96sd9
259d30291
8hd593927
0se9p8a94

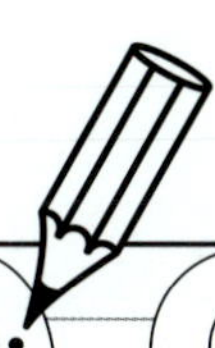

Écris 9 à l'intérieur du modèle.

9 9 9 9 9 9 9 9 9

9

Le jeu des 7 familles

PS - MS - GS

Description du jeu

Inspiré du jeu de société bien connu, les règles sont modulées en fonction de l'âge des enfants et des objectifs visés. Chaque famille « mathématique » étant constituée de représentations figuratives (constellations d'objets différents), associées à des représentations schématiques (nombre écrit en chiffres) et langagières (nombre oralisé ou écrit), le jeu est extrêmement riche du point de vue conceptuel. L'enfant établit des analogies et des parallèles entre ces différentes représentations. Il construit et complète des suites numériques et utilise le nombre comme outil de communication.

Jeu (4 à 5 joueurs)

Le jeu se joue avec une sélection de cartes numériques. En principe il faut 7 familles de 6 cartes, mais rien n'empêche de constituer des familles plus nombreuses.

Distribution des cartes

On distribue 5 cartes à chaque joueur.
Le reste va à la pioche.

Demande

Chacun demande à tour de rôle une carte pour compléter une des familles qu'il possède. Si on obtient la carte, on rejoue, sinon on pioche et le joueur suivant fait sa demande.

Famille complète

Lorsqu'un enfant a obtenu une famille complète, il doit la poser devant lui dans l'ordre numérique.

Fin de partie

On peut constituer un grand tableau de toutes les familles pour les mettre en correspondance.

Les familles de 6 cartes (PS - MS)

Les familles de 10 ou 12 cartes (GS)

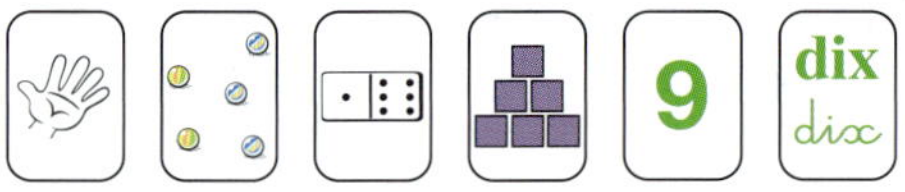

Consigne

Employer une formule-type comme
« Je demande à Pierre dans la famille coccinelle, le trois »

Jeu en grand groupe

Il s'agit de compléter ensemble un tableau des familles de nombres. Les enfants sont installés en rond autour du tableau de nombres.

Distribution des cartes

Distribuer 2 à 4 cartes selon le nombre d'enfants, le reste va à la pioche (si on supprime la pioche, on distribue toutes les cartes).

Demande

L'enseignant (ou un enfant) demande une carte. L'enfant qui l'a, vient la déposer sur la grille et commence ainsi la ligne de la famille qui sera complétée de part et d'autre. Il demande à son tour une carte et on continue ainsi jusqu'à ce que le tableau soit rempli.

Fin de partie

On peut décider que lorsqu'un enfant n'a plus de cartes, il a gagné. Mais le jeu est terminé lorsque le tableau est complet et ordonné.

Le tableau des nombres

Préparer une grille avec lignes et colonnes au format des cartes ou constituer le tableau directement sur le sol.

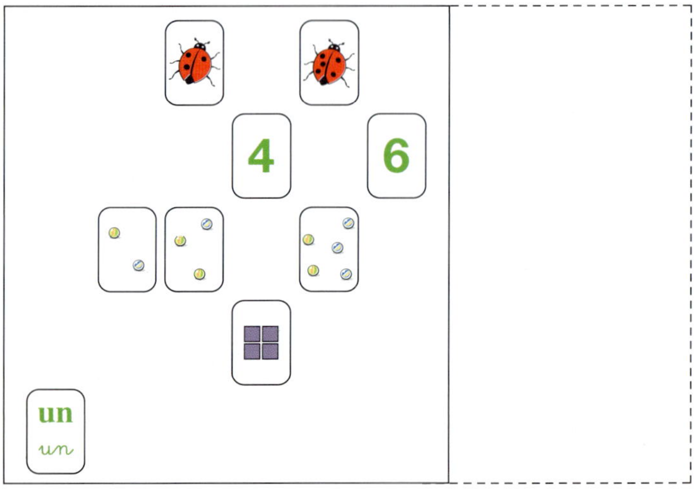

Utiliser le nombre comme outil de communication

associer les différentes représentations symboliques et figuratives

Situation problème induite

Distribution

Chaque enfant a-t-il le même nombre de cartes ?
Comment le vérifier ?

Demande

Classer ses cartes par famille.
Repérer les éléments qui manquent dans une famille.
Mémoriser ce qui a été demandé et à qui.
Bien **formuler** la demande.
Effectuer des associations visuelles (les cartes) et auditives (les demandes).

Famille complète

Classer les cartes dans l'ordre de la suite numérique.
Mettre au point une stratégie.
Pour les dernières demandes on a beaucoup d'informations sur ce que chacun possède.
On ne demande plus au hasard.

Jeu en grand groupe

Lorsqu'un enfant se trompe en déposant une carte sur le tableau, choisir l'une des solutions suivantes :

- il ne peut pas déposer la carte et la conserve,
- il la dépose mais en pioche une autre (si on a prévu une pioche).

Dans cette variante, l'enfant est obligé, à chaque demande, d'examiner la situation de chaque famille dans le tableau.

Le poisson puzzle

PS - MS - GS

Description du jeu

L'intérêt de ce jeu est d'associer la réalisation d'un puzzle et le traitement de données numériques.

Matériel

- un dé ou une sélection de cartes nombres
- des exemplaires du poisson puzzle : photocopier le modèle sur du bristol et découper les pièces

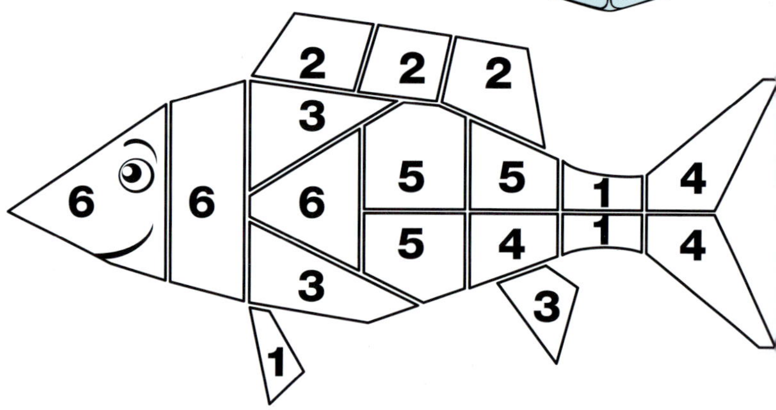

Jeu en groupe (2 à 5 joueurs)

Préparation

Dans un premier temps, chaque joueur assemble son poisson (avec ou sans modèle). On remarquera que lorsque les chiffres sont à l'endroit, la pièce est dans le bon sens.

Règle du jeu

Chaque joueur lance le dé et enlève une pièce qui porte un numéro correspondant aux points obtenus.
S'il n'y a plus de pièce correspondant aux points indiqués par le dé, le joueur attend son prochain tour pour tenter un nouvel essai.
Le vainqueur est celui qui, le premier, aura pêché entièrement son poisson en enlevant toutes les pièces qui le composent.

Variante

Au lieu d'enlever les pièces, on peut assembler le poisson en piochant dans les pièces disposées en vrac ou classées.

Jeu en grand groupe (la classe)

Jeu en grand groupe (la classe)

Dans cette version, il s'agit de trouver la pièce cachée. On fournira à chaque enfant ou groupe de 2 enfants, un exemplaire du puzzle.
Le dé sera remplacé par des cartes nombre.
Choisir 3 séries de cartes de 1 à 6, par exemple dé, domino et nombres en lettres.

Règle du jeu

On enlève une carte au hasard et on la met de côté. Les 17 cartes qui restent sont mélangées.
L'enseignant ou un élève choisit une carte et la montre aux joueurs qui enlèvent la pièce du poisson correspondant à cette carte.
On continue de même avec les autres cartes.
Lorsque toutes les cartes ont été montrées, il reste sur le poisson une seule pièce correspondant à la carte cachée. On compare la carte cachée et la pièce du poisson qui reste. Si les joueurs n'ont pas fait d'erreurs, le nombre indiqué est le même.

Variante

On peut aussi enlever toutes les pièces du poisson correspondant à la carte numérique.

Traitement de données numériques

associer constellations et nombres

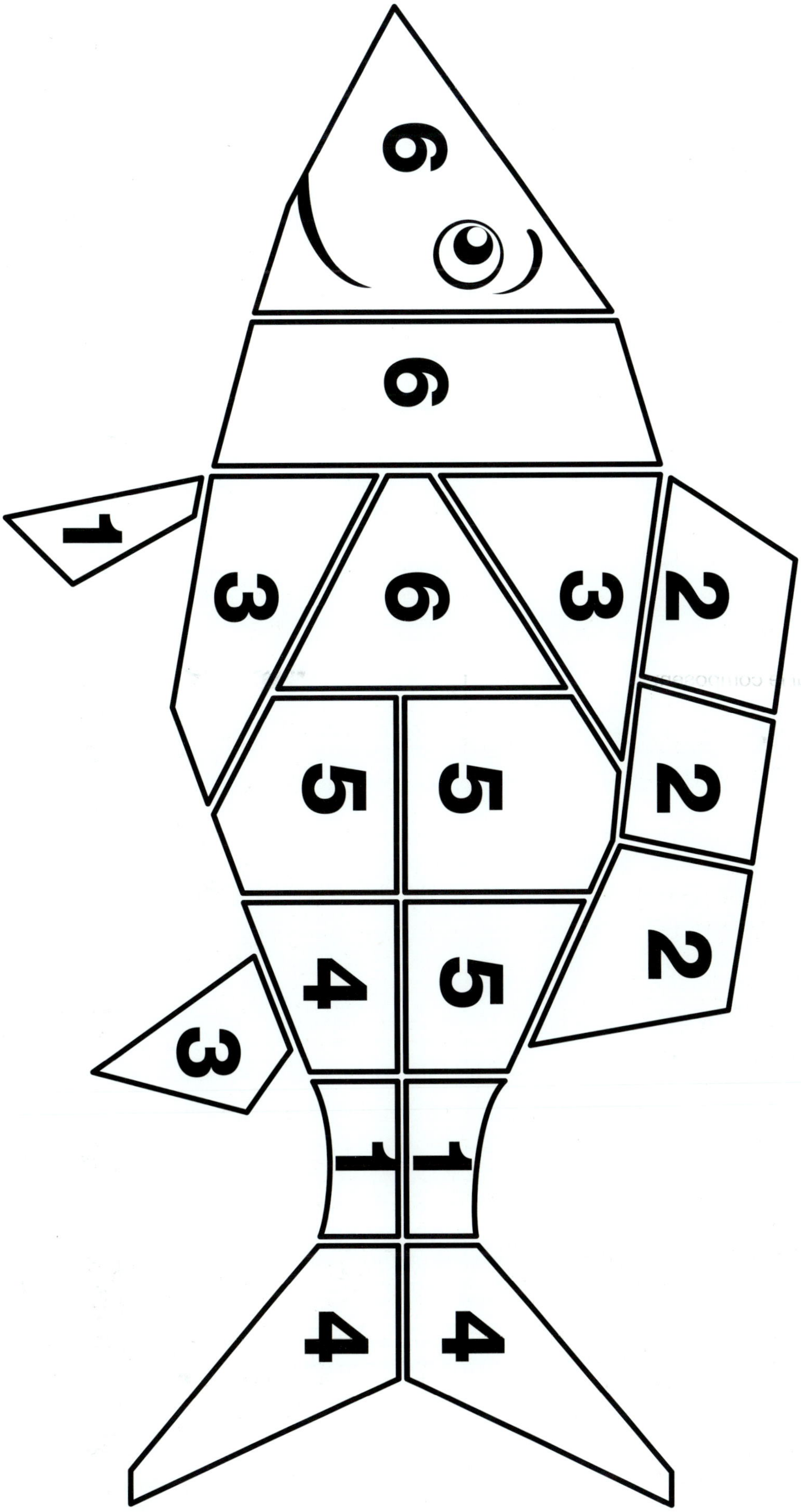

Dénombrer

Compter n'est pas dénombrer : un enfant peut s'entraîner à compter, c'est-à-dire réciter dans le bon ordre la suite des mots nombres sans se préoccuper de dénombrer les objets, c'est-à-dire d'associer un nombre à une collection.

Pour dénombrer, il faut connaître la suite numérique, c'est-à-dire la mémoriser, savoir l'utiliser et se situer sur celle-ci, ce qui implique l'intégration de 5 principes.
- **L'abstraction.** Pouvoir dénombrer n'importe quelle collection.
- **La non-pertinence de l'ordre.** Le résultat ne change pas, quel que soit l'ordre de comptage.
- **Le principe d'ordre stable.** Il est nécessaire d'utiliser toujours la même suite de mots nombres (celle de l'ordre conventionnel).
- **Le principe de la correspondance biunivoque** entre les éléments de la collection et les mots nombres de la suite numérique (correspondance un à un).
- **Le principe cardinal.** Le dernier nombre prononcé donne le cardinal de la collection.

Connaître et mémoriser la suite numérique

Pour ces activités de mémorisation, toutes les entrées sensorielles seront sollicitées : manipulations de supports visuels, récitation, mime et jeux.
On associe ainsi l'ordre séquentiel et spatial de la suite numérique et on établit bien la correspondance entre les différentes représentations symboliques et figuratives du nombre.

Activités autour de la comptine de référence « Un, deux trois, nous irons au bois » (pages 30 et 31)

Cette situation/jeu exploite les cartes numériques de 1 à 12 (chiffres ou nombres en lettres en GS) ainsi que les 4 cartes images de la comptine.
Toutes les activités peuvent être transposées sur une autre comptine de référence choisie par la classe.
On trouvera dans les répertoires de comptines des pages 32 à 35 de nombreux autres titres possibles. Dans ce cas, des cartes fabriquées permettront d'illustrer la comptine choisie.
La série « les nombres déguisés » peut également être utilisée comme comptine de référence.

Comptines à jouer, à mimer, à questions (pages 32 à 34)

La répétition active induite par le jeu ou le mime amène une imprégnation très efficace de la suite numérique.
Ces comptines sollicitent également l'entrée kinesthésique (mimes, déplacements...).

Apprendre à dénombrer

La pratique du dénombrement met en œuvre quelques règles simples.
- Parcourir l'ensemble des objets en établissant à chaque fois la correspondance entre le nouvel objet, le geste du doigt qui le désigne parmi les autres objets, le geste du regard qui contrôle cette correspondance, la voix qui détermine dans la suite des mots nombres le mot qui convient à cet objet nouveau.
- Parcourir l'ensemble en entier, sans recompter deux fois le même objet.
- Résumer l'information en attribuant à la collection entière le dernier mot nombre prononcé, qui correspond au dernier objet désigné.

Le compte est bon (pages 35 à 37)

Il s'agit d'associer et de coordonner exploration visuelle de la collection, désignation par le doigt et énonciation de la suite au même rythme.
Les activités de cette situation/jeu (pages 35 et 36) sont axées sur des manipulations de capsules (ou toute autre collection de pions). L'objectif est de réduire progressivement la phase de manipulation pour arriver à un comptage visuel.

À la ferme (page 38)

Une fiche thématique pour des activités de comptage visuel.
Avec les plus grands, on pourra imaginer des jeux de langage à base de questions ou de devinettes impliquant le comptage des animaux.
Avec les plus petits se contenter de dénombrer les catégories les moins nombreuses ou, si on dispose de petites figurines, s'amuser à reproduire une ferme avec autant d'animaux.

Quel désordre ! (page 39)

En MS distribuer le dessin et la fiche réponse (l'enfant peut compter avec le doigt).
En GS demander un comptage visuel (le dessin étant tenu à distance).

Joue avec… (pages 40 et 41)

Deux activités où l'enfant est amené à dessiner une collection correspondant à un nombre donné.

Le jeu de quilles (pages 42 et 43)

Cette activité s'inscrira dans une large approche thématique : fabriquer et décorer les quilles, élaborer les règles du jeu en dénombrant des quilles tombées.

La chasse aux nombres (pages 44 à 47)

Une situation de jeu s'apparentant au loto avec de nombreuses variantes possibles. Le but est d'associer nombres et constellations. À l'issue de l'activité, l'évaluation de la page 49 pourra être réalisée en MS et GS.

Autres situations de jeu de dénombrement

Le jeu de Kim
On présente une collection d'objets que l'on cache et modifie par ajout, retrait ou déplacement. On montre la nouvelle collection et on demande ce qui a été modifié. Le jeu peut se pratiquer avec des objets ou des cartes nombre. C'est un excellent jeu de dénombrement visuel.

Le jeu de l'oie ou du serpent
On utilise un circuit à cases (escargot, serpent) sur lequel on déplace un pion en fonction des indications données par un dé ou une carte nombre tirée au hasard. On peut aussi remplir les cases du circuit avec des jetons de couleur en fonction des indications du dé ou de la carte.

Ne pas oublier toutes les activités liées au quotidien de la classe où l'on est amené à traiter des données numériques : commande des repas à la cantine, utilisation du calendrier, décompte des élèves, distribution et rangement de matériel, anniversaires, organisation d'un goûter…

La comptine numérique de référence

PS - MS - GS

Description des activités

Les activités autour de la comptine de référence visent un double objectif.
Associer l'ordre oral (récitation) et l'ordre spatial de la suite numérique écrite. Avec des comptines mimées ou jouées, on pourra en plus introduire une dimension kinesthésique.
Passer de la simple récitation de la comptine où les mots ne sont pas différenciés « *undeuxtrois…* » à une suite de mots bien distincts où chaque mot est associé à un objet. On approche ainsi le contexte du dénombrement.

Matériel

- les cartes numériques de 1 à 12
- les cartes images de la comptine
- un support visuel écrit : affiche avec la comptine

Mémorisation collective de la comptine

Elle pourra prendre différentes formes, répétition, reconstitution partielle… tout en veillant à laisser un support visuel à disposition : tableau, affiches, suite des cartes.

La comptine « Nous irons au bois »

1, 2, 3, nous irons au bois
4, 5, 6, cueillir des cerises
7, 8, 9, dans un panier neuf
10,11,12, elles seront toutes rouges

Le jeu de la cascade

Voici un excellent jeu de coordination de dissociation et d'attention pour établir l'association entre les mots et les nombres.
On répartit les enfants en deux groupes :
- un groupe de 16 placés en ligne auxquels on distribue les cartes dans l'ordre de la comptine,
- le deuxième groupe, en face, récite la comptine (lentement et en rythmant bien).

Simultanément, les enfants du premier groupe lèvent la carte correspondant au mot récité.

Associer la comptine et la suite numérique de référence

Les 16 cartes de la comptine sont mélangées et données à un groupe d'enfant.
La consigne est de reconstituer la comptine en rangeant les cartes dans l'ordre de la récitation.
Différentes dispositions sont possibles.

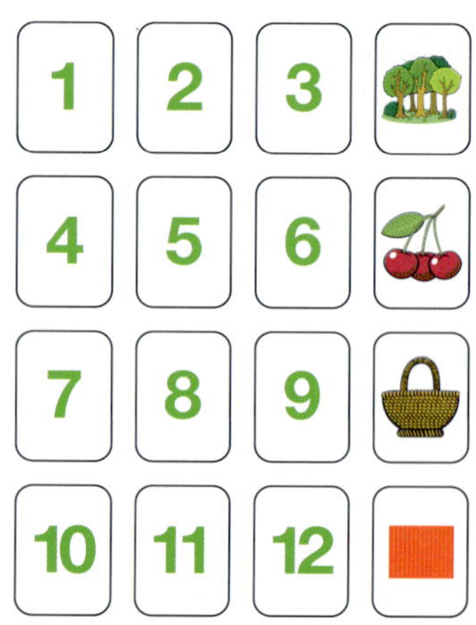

Disposition en tableau

Récitation avec désignement

On demande aux enfants de réciter en désignant simultanément les éléments dans l'ordre de la disposition. On peut ainsi valider le rangement des cartes et mettre en œuvre une première approche du dénombrement.

Disposition en ligne

Variante avec les GS

On remplace les cartes chiffres par des cartes nombres en lettres afin de familiariser les enfants avec d'autres représentations symboliques du nombre. À l'issue de cette activité on pourra procéder à l'affichage de la suite numérique et/ou de la comptine.

Comptines numériques

PS - MS - GS

Voici quelques comptines numériques.

Je sais compter

1, 2, 3,
Je sais compter
Même avec mes doigts de pieds
Si je prends aussi mes mains
Je compterai jusqu'à 20 !

Dans sa hotte

Un, deux, trois,
dans sa hotte en bois
quatre, cinq, six,
toute pleine de surprises
sept, huit, neuf,
de jouets tout neufs
dix, onze, douze,
de la joie pour tous !

Un éléphant qui se balançait

Un éléphant qui se balançait
Sur une toile d'araignée, ohé ohé
Trouva ce jeu si intéressant,
Qu'il alla chercher un autre éléphant.
Deux éléphants qui se balançaient
Sur une toile d'araignée, ohé, ohé
Trouvèrent ce jeu si intéressant,
Qu'ils allèrent chercher un autre éléphant.

Le premier

Le premier a mis ses chaussettes
Le second a chaussé ses souliers
Le troisième les a lacés
Le quatrième les a cirés
Le cinquième les a fait briller
Et zon… il s'est sauvé
On n'a retrouvé que ses souliers usés !

Un, deux, trois, j'ai pondu trois œufs

1, 2, 3, j'ai pondu trois œufs
dit la poule bleue
1, 2, 3, si je compte jusqu'à 3
mon œuf est en chocolat
1, 2, 3, 4, 5, 6, si je compte jusqu'à 6
mon œuf est en pain d'épice
1, 2, 3, 4, 5, 6, 7, 8, 9, si je compte jusqu'à 9
qu'il est beau mon œuf !

Un, deux, j'ai pondu deux œufs

1, 2, j'ai pondu deux œufs, dit la poule bleue
1, 2, 3, j'en ai pondu trois, répond l'oie
5, 6, 7, j'en ai pondu sept, s'écrie la poulette
8 et 9, qu'il est beau mon œuf !

Pimpanicaille

Pimpanicaille
le roi des papillons
en se faisant la barbe
se coupa le menton.
1, 2, 3, de bois
4, 5, 6, de buis
7, 8, 9, de bœuf
10, 11, 12, de bouse.
Va-t-en à Toulouse !

1, 2, v'la les œufs

1, 2, v'là les œufs
3, 4, faut les battre
5, 6, c'est Alice
7, 8, qui les cuit
9, 10, c'est Félix
11, 12, qui les couve

Vous trouverez de nombreuses comptines (certaines illustrées et sonorisées) sur le site http://momes.net

Comptines numériques à jouer

PS - MS - GS

Petits poissons venez

On forme deux groupes : le filet et les poissons.
Au début l'enseignant dirige le groupe filet.
Les poissons se mettent d'un côté du terrain.
Les enfants qui forment le filet se rassemblent et choisissent un nombre de 1 à 20.
Les poissons ne doivent pas entendre le nombre choisi, mais il faut que tous les enfants qui forment le filet l'aient bien entendu (répéter, montrer…).
Les enfants qui font le filet reculent alors en formant une ronde, lèvent les bras et disent :

Petits poissons venez !
1,2,3,4,5… (jusqu'au nombre choisi)

Aussitôt, les poissons traversent le filet en faisant des aller-retours.
Mais quand le nombre choisi est atteint, les enfants qui forment le filet baissent les bras.
Tous les poissons qui sont à l'intérieur sont pris et viennent agrandir le filet.
On choisit un nouveau nombre et on continue jusqu'au dernier poisson.

C'est toi, (sept oies)

C'est une comptine de désignation qui permet de désigner un joueur dans un jeu, celui qui s'y colle.

Dans la ferme de m'sieur Dubois
Il y a sept oies
Une oie, deux oies, trois oies,
Quatre oies, cinq oies, six oies
C'est toi ! la reine des oies !

Pique, pique la bourrique

C'est une comptine d'élimination qui permet de désigner un joueur par éliminations successives.

Pique pique la bourrique
Compte bien s'il y en a huit
Un, deux, trois, quatre, cinq, six, sept, huit !
Mademoiselle retirez-vous !

De nombreux autres jeux ou comptines sont basés sur le comptage : cache-cache…

Comptines numériques à mimer

PS - MS - GS

Un petit lapin

1 petit lapin *(pouce)*
rencontre un autre petit lapin *(index-pouce : rapprocher les doigts)*
cela fait *(écarter les doigts)*
2 petits lapins copains
2 petits lapins *(index-pouce)*
rencontrent un autre petit lapin *(majeur-index-pouce : rapprocher les doigts)*
cela fait *(écarter les doigts)*
3 petits lapins copains
3 petits lapins *(majeur-index-pouce)*
rencontrent un autre petit lapin *(annulaire)*
cela fait *(écarter les doigts)*
4 petits lapins copains
4 petits lapins *(annulaire-majeur-index-pouce)*
rencontrent un autre petit lapin *(auriculaire)*
cela fait *(écarter les doigts)*
5 petits lapins copains

Les 5 frères

Ils étaient 5 dans un grand lit
Et le tout petit pousse ses frères, pousse ses frères
Et le pouce est tombé !

Ils étaient 4 dans un grand lit
Et le tout petit pousse ses frères, pousse ses frères
Et l'index est tombé !

Ils étaient 3 dans un grand lit
Et le tout petit pousse ses frères, pousse ses frères
Et le majeur est tombé !

Ils étaient 2 dans un grand lit
Et le tout petit pousse ses frères, pousse ses frères
Et l'annulaire est tombé !

Et le tout petit se dit
Qu'on est bien tout seul dans un grand lit

Blues, à chanter l'hiver

Quand on saute d'un pied sur l'autre
pour se réchauffer en attendant l'autobus.

Un deux trois quand il fait froid
Quatre cinq six comme exercice
Sept huit neuf sur le pont Neuf
Dix onze douze chantons ce blues :
Un deux trois quand il fait froid…

Comptines numériques à questions

PS - MS - GS

Combien faut-il de pommes de terre

Combien faut-il de pommes de terre
pour faire la soupe à ma grand mère ?
Deux !
Un, deux !

Combien faut-il de chocolat
pour le goûter de Nicolas ?
Cinq !
Un, deux, trois, quatre, cinq !

Combien faut-il de tartines
pour le déjeuner de Martine ?
…
Combien faut-il de crayons
pour dessiner une maison ?
…

Un petit cochon

Un petit cochon
Pendu au plafond
Tirez-lui le pied
Il donnera du lait
Tirez-lui la queue
Il pondra des œufs
Tirez-la plus fort
Il donnera de l'or
Combien en voulez-vous ?
Cinq ! (ou un autre nombre)
Un, deux, trois, quatre, cinq !

Qui a tiré la queue du chien ?

Qui a tiré la queue du chien ?
C'est le lutin numéro 1.

Qui a perdu mon bonnet bleu ?
C'est le lutin numéro 2.

Qui a mangé les chocolats ?
C'est le lutin numéro 3.

Mais les trois lutins
ont juré que c'était moi.

[GRILLES DE DÉNOMBREMENT] (voir matériel page 36)

Dispositions ordonnées

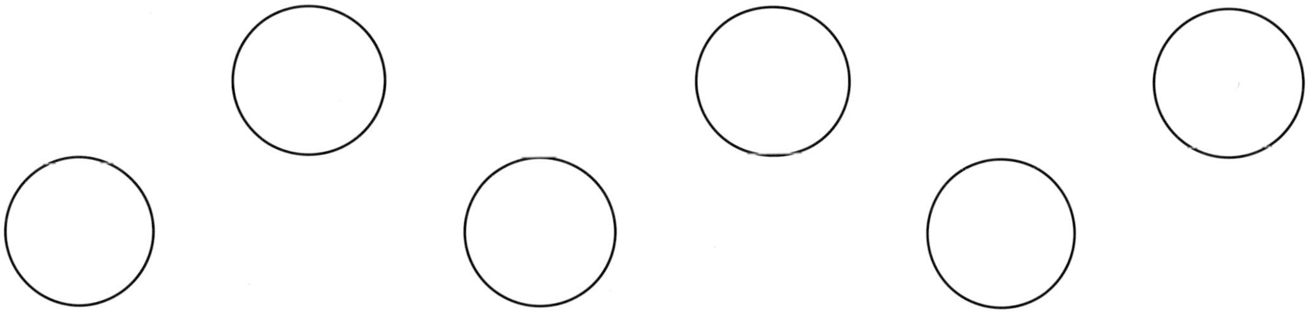

Dispositions en désordre

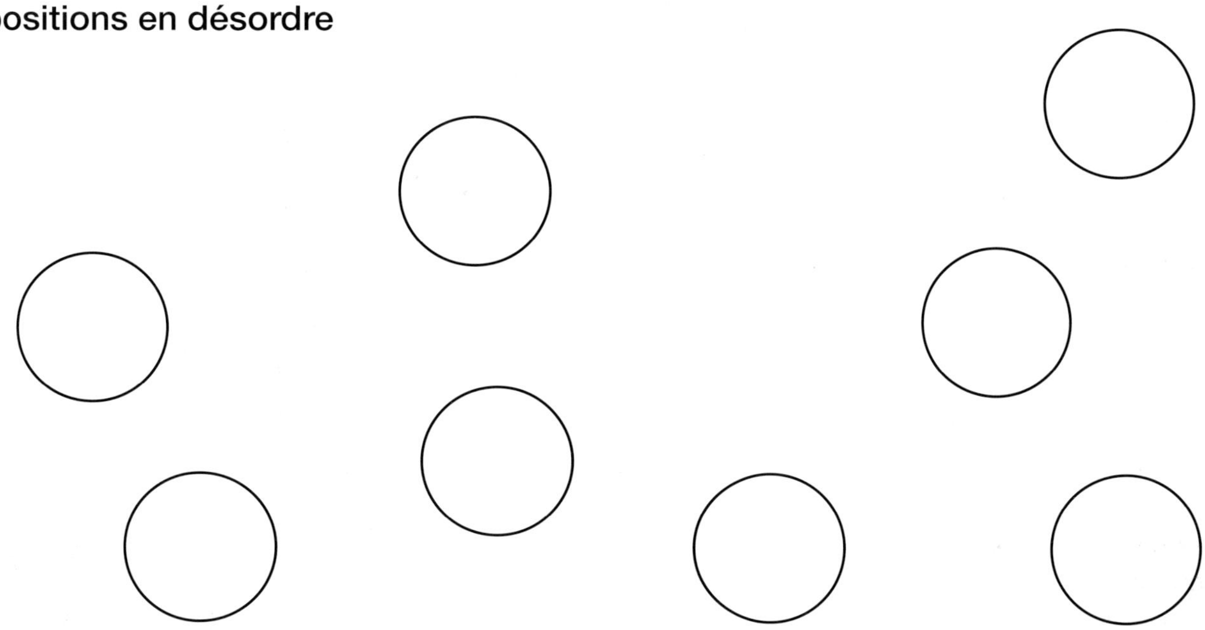

Dispositions contenant un piège, le même pion peut être compté deux fois.

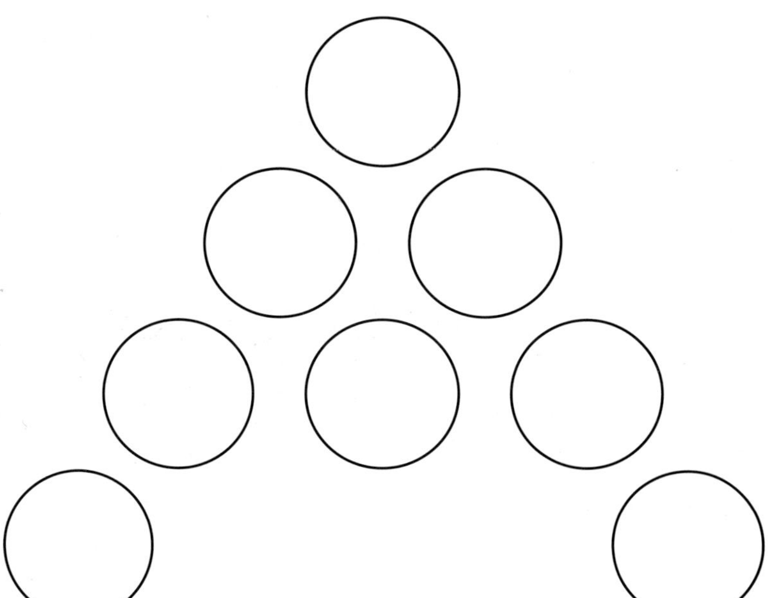

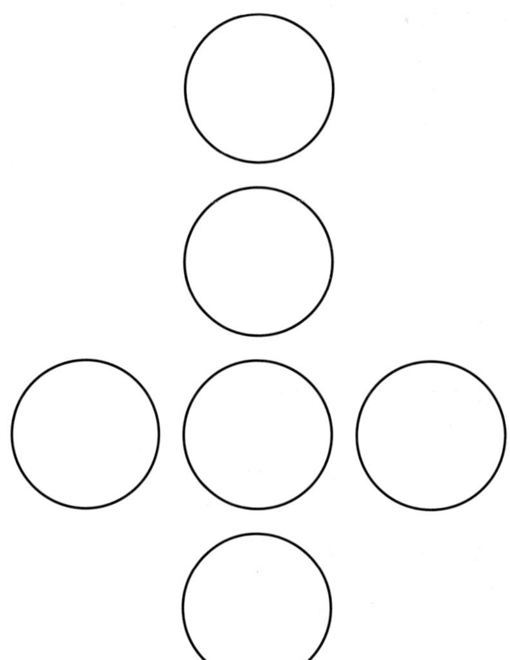

Le compte est bon

PS - MS - GS

Description

Les activités ont toutes pour but d'affiner et d'exercer les pratiques de dénombrement d'objets (capsules) en coordonnant l'exploration visuelle de la collection, la désignation par le doigt et l'énonciation de la suite au même rythme.

Matériel

- des pions ou des capsules
- quelques sacs ou sachets
- photocopies des grilles de dénombrement (p. 35)
- fiches thématiques à photocopier

Activités en grand groupe

Il s'agit de dénombrer des collections d'objets en favorisant les phases d'observation et de verbalisation. On fera compter la même collection par plusieurs enfants pour confronter les résultats et constater que la quantité ne varie pas quelle que soit la technique de comptage.

Compter en déplaçant

Activités de manipulation avec des pions ou des capsules,
« Compte les objets en les mettant de côté ».
Dans un deuxième temps on pourra utiliser les grilles de dénombrement,
« Compte les objets en les plaçant sur la grille »
ou *« Compte les objets en les enlevant de la grille ».*

Compter avec le doigt, sans déplacer

Les objets (capsules, pions) sont posés à même le sol.

- Objets bien rangés : en ligne, en colonnes *« Un objet, un nombre. Ne va pas trop vite ».*
- Objets en désordre, *« Compte bien tous les objets, sans en oublier ».*
- Disposition contenant un piège (dispositions croisées où l'objet peut être compté deux fois).

Compter les yeux fermés

Placer les objets dans un sac. L'enfant glisse sa main dans le sac et compte les objets.

Compter visuellement

Les objets ne sont plus désignés avec le doigt, mais on peut encore compter sur ses doigts.

- Avec des objets disposés au sol (commencer avec de petites séries d'objets bien alignés).
- À partir des fiches thématiques « À la ferme » et « Quel désordre » où l'on demande à l'enfant de dénombrer des objets ou des animaux.

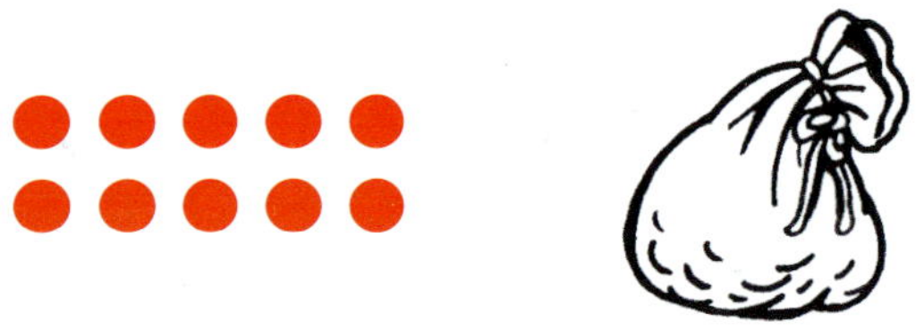

Compter en déplaçant

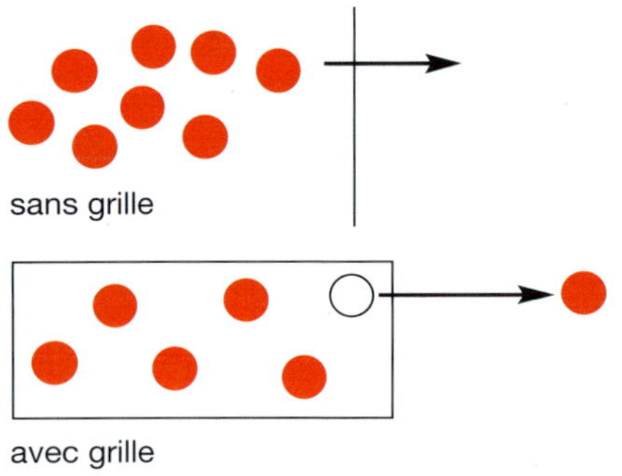

Compter avec le doigt : exemples de dispositions

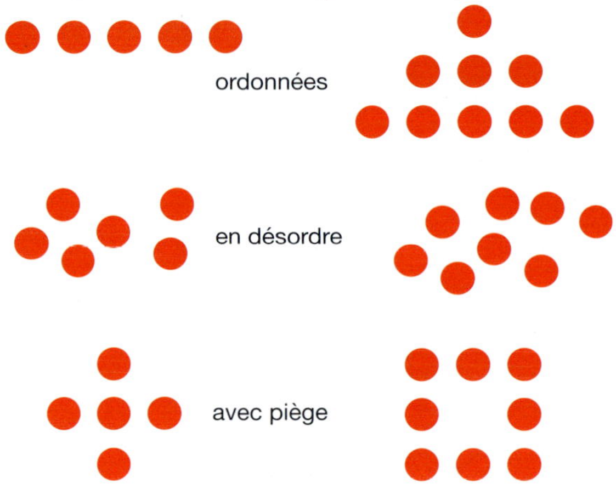

Compter visuellement

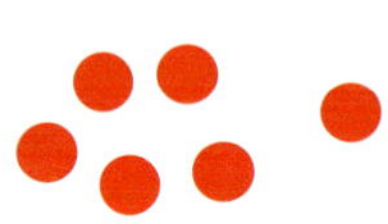

de petites séries d'objets

les éléments d'un document

Associer un nombre à une collection

coordonner exploration visuelle, désignation, énonciation

Problèmes à résoudre

Dans toutes ces activités de dénombrement, deux difficultés se présentent pour l'enfant :

- aller au même rythme dans l'exploration visuelle de la collection, dans la désignation par le doigt et dans l'énonciation de la suite des nombres,
- résumer l'information en attribuant à la collection tout entière le dernier mot-nombre prononcé qui correspond au dernier objet considéré, c'est le principe de la cardinalisation.

Compter en déplaçant

Pour travailler la coordination entre le geste, le regard et la voix. Le déplacement des objets (de gauche à droite) favorisera cette coordination et une exploration visuelle ordonnée.

Compter avec le doigt

Nécessité de se donner des règles de comptage : ordre des opérations, choix des objets pour ne pas oublier d'objets ou compter deux fois le même.
Ne pas hésiter à recompter plusieurs fois la même collection. Si le résultat diffère, rechercher l'explication : objet oublié ou double comptage.

Compter visuellement

Nécessite une exploration visuelle efficace et ordonnée. Dans un premier temps, l'enseignant peut montrer un par un sur le document, les éléments à compter.

[ACTIVITÉ] | MS - GS | Dénombrer

À la ferme

2

3

1

Écris le nombre d'animaux que tu as comptés sur le dessin.

4

5

6

[ACTIVITÉ] | GS | Dénombrer

Quel désordre !

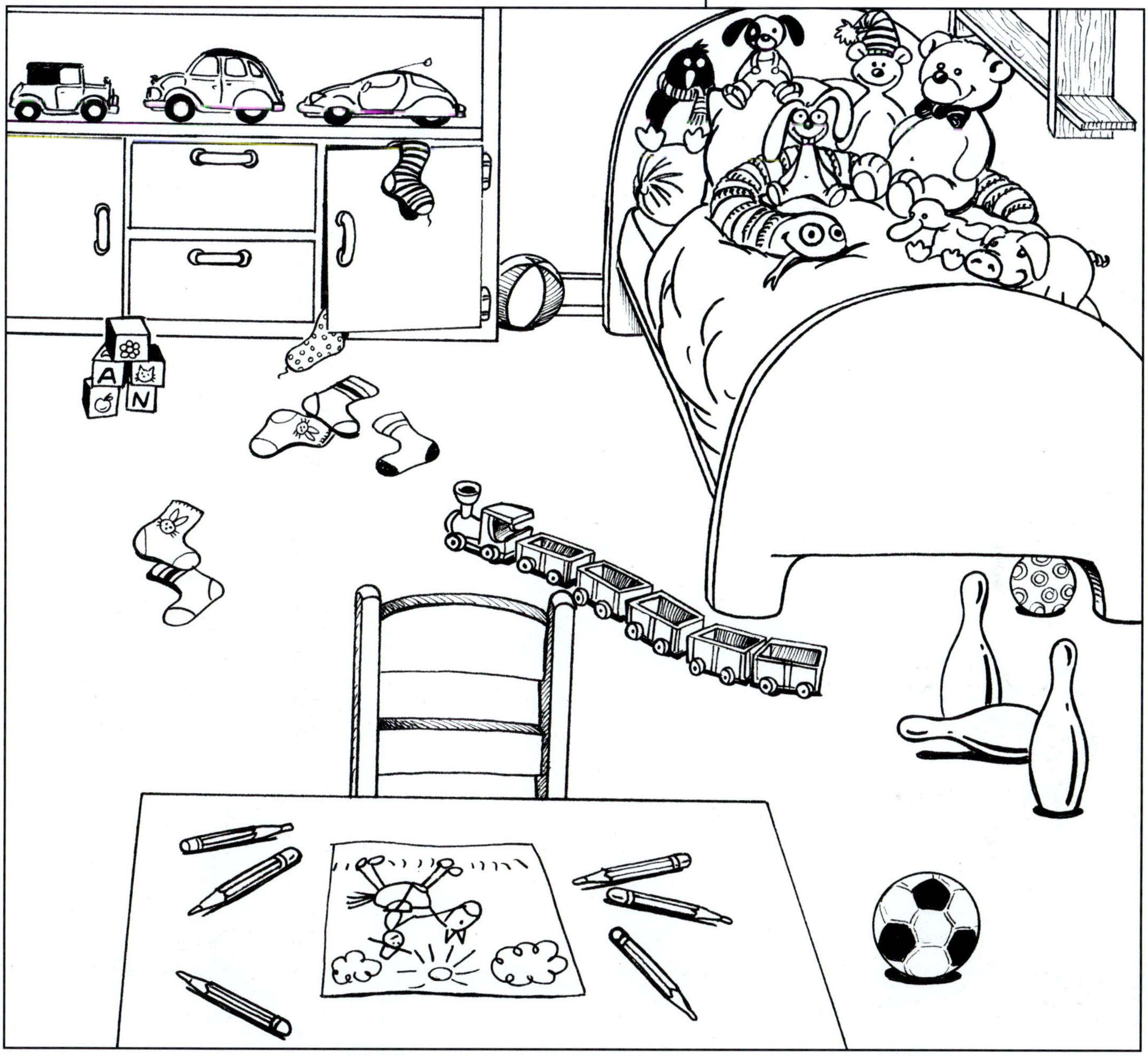

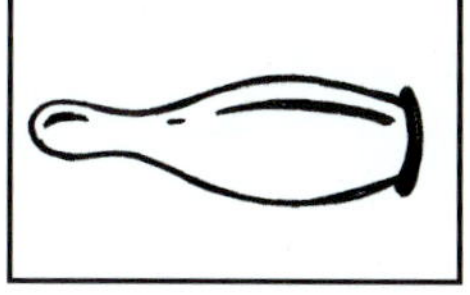	3		6
	5	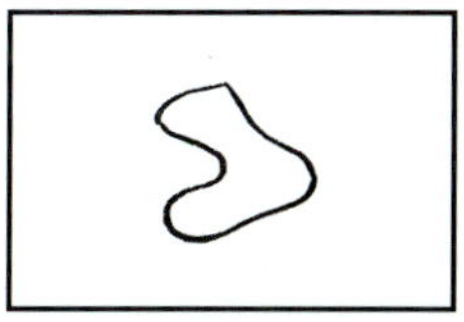	7
	5		3

Écris le nombre d'objets que tu as comptés sur le dessin.

[ACTIVITÉ] | PS - MS

Dénombrer

associer constellation et nombre

Joue avec 3, 4, 5

Colorie les ◌ correspondant au nombre indiqué ou colle des gommettes.

3	4	5

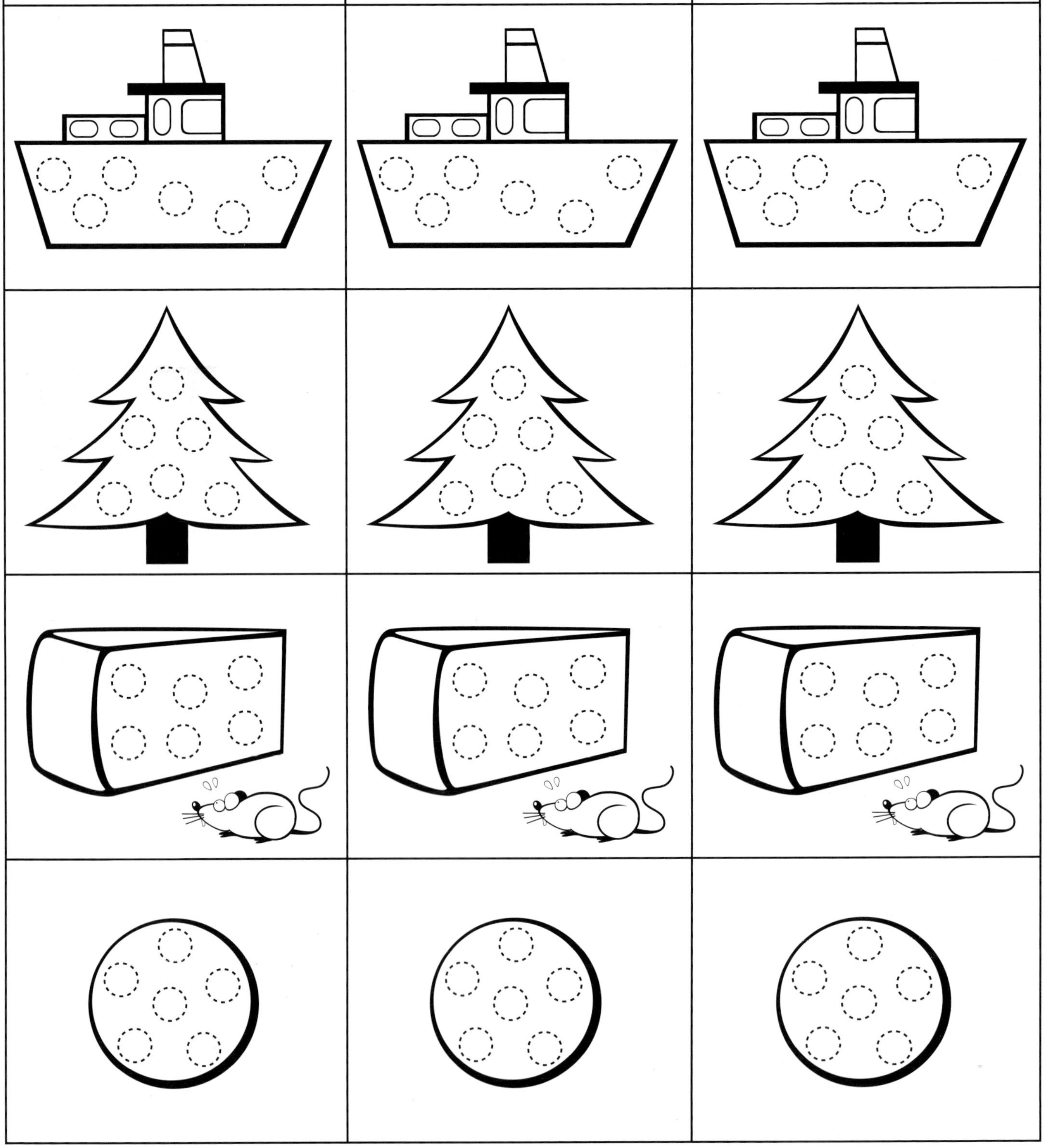

[ACTIVITÉ] | MS - GS

Dénombrer

associer constellation et nombre

Joue avec 6, 7, 8

Colorie les correspondant au nombre indiqué ou colle des gommettes.

6	7	8

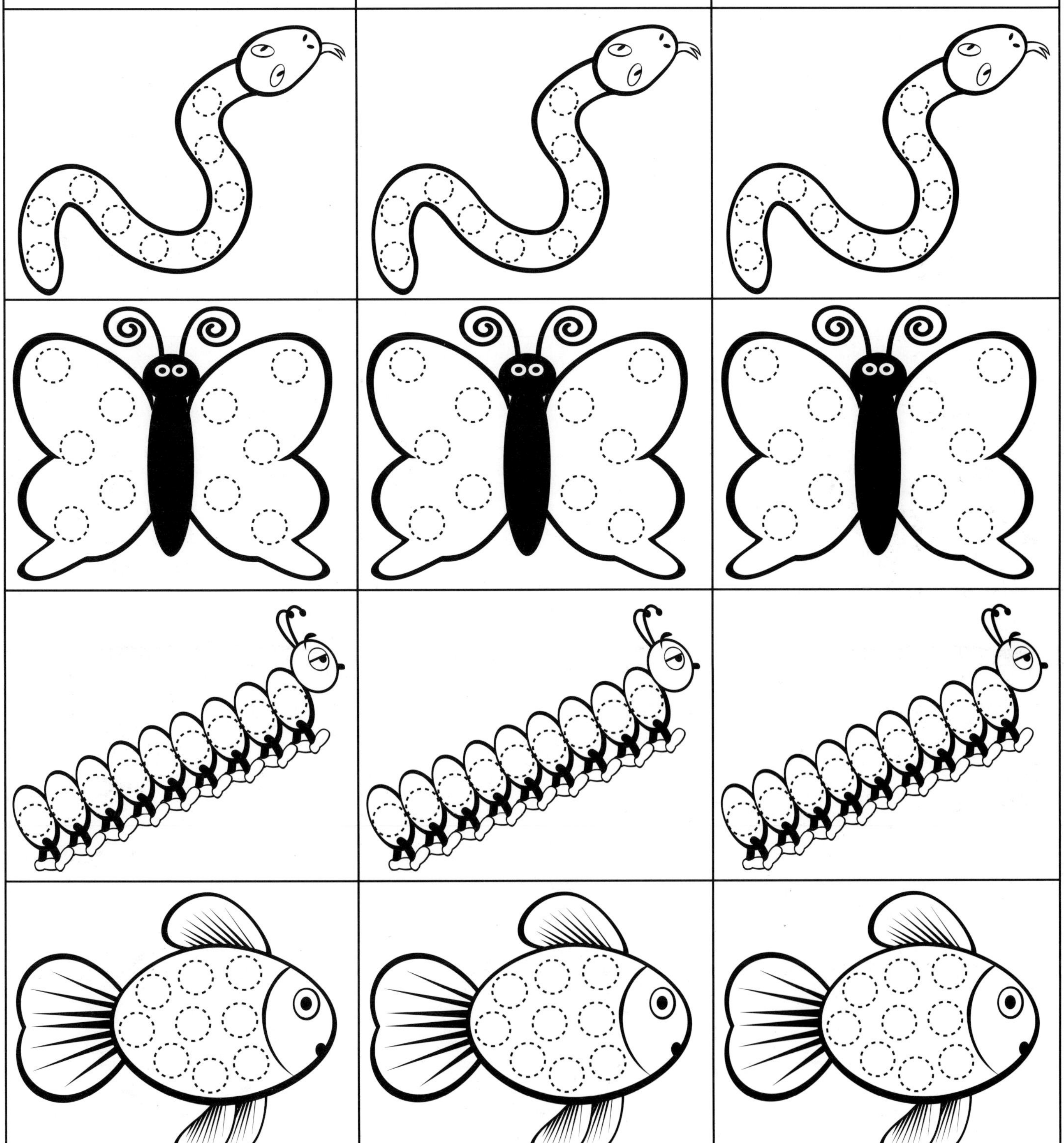

Le jeu de quilles

PS - MS

Description des jeux

Le jeu se déroule en groupe-classe ou en groupes de 5 enfants. On met en place le dispositif indiqué par le schéma ci-contre.
On va jouer aux quilles en utilisant les cartes de constellations pour compter le nombre de quilles tombées.

Matériel

- 6 quilles (bouteilles d'eau en plastique remplies au tiers de sable)
- 6 cartes constellations (1 à 6) grand format : cartons de 60 cm sur 40 cm avec des ronds noirs de 12 cm de diamètre (constellations de 1 à 6)
- une balle de tennis ou boule de jeu de quilles
- 2 cordes ou lattes de 2 m pour délimiter la piste

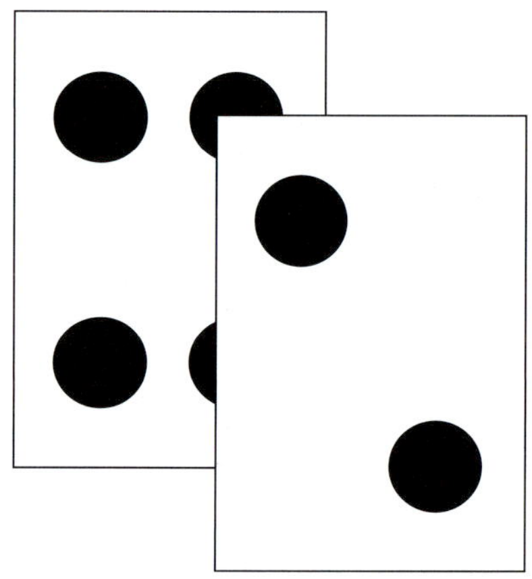

Les cartons grand format avec les constellations de 1 à 6

Déroulement du jeu

Installation et présentation

Installation du jeu par les enfants.
Observation des cartes.

Jeu

Chacun à son tour lance une boule pour faire tomber le plus de quilles, ramasse les quilles tombées et se dirige vers la carte dont la quantité correspond aux quilles tombées.
Quand l'enfant se trompe, il retourne la carte et essaie une autre constellation.

Consignes

« Il faut lancer la boule pour faire tomber le plus de quilles. »
« Cherche la carte qui montre combien de quilles sont tombées. »

Variantes et prolongements

On remplace les grands cartons par les cartes numériques : constellation de quilles, chiffres de 1 à 6.
On choisit un nombre, par exemple 2 et chacun essaie de faire tomber 2 quilles.
Chaque fois que 2 quilles sont tombées, montrer 2 avec ses doigts, la constellation 2 et le nombre 2 sur les cartes.
On pourra ensuite enchaîner des activités et des évaluations avec le nombre choisi :
- collage de gommettes,
- entourer les groupes d'objets,
- repérage de la graphie.

Évaluation - autour du nombre 2

« Colle deux gommettes dans chaque rectangle. »

Feuille de l'élève

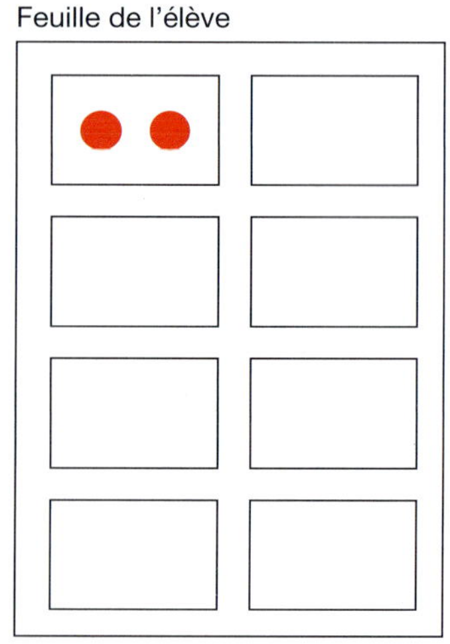

Gommettes

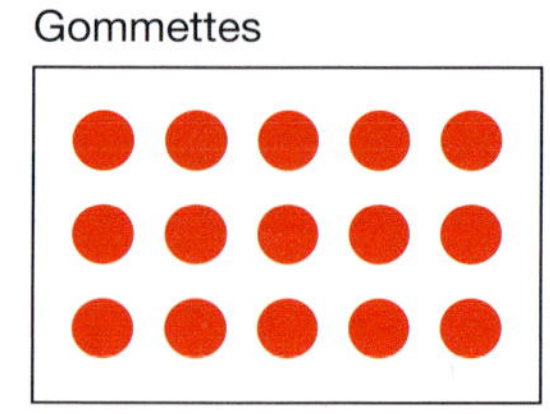

Activités annexes

Motricité : lancer, rouler…
Décoration des quilles : bandes de papier collées et peintes

Correspondance terme à terme - nombres 1 à 6

classer, comparer

Situations pédagogiques

Fabrication des quilles

Remplir de sable les bouteilles avec une louche et un entonnoir. **Évaluer** le niveau de remplissage pour que la quille se renverse facilement par essais successifs.

Installation du jeu

Ranger les quilles comme sur le schéma. **Remarquer** que les cartons ont différentes quantités de points, les classer, établir la correspondance avec les doigts de la main.

Jeu

Établir la correspondance entre les quilles et les ronds en posant les quilles debout sur chaque rond. **Montrer** la quantité correspondante avec le doigt et indiquer le nombre de quilles tombées.

Variantes

Passer d'une représentation figurative (doigts de la main, constellation) à la représentation symbolique du nombre choisi.

Chasse aux nombres

[ÉVALUATION] | MS - GS | Dénombrer

Chasse aux nombres

Écris le nombre correspondant au nombre de points.

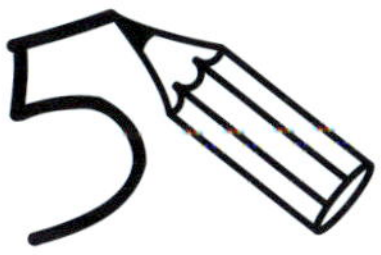

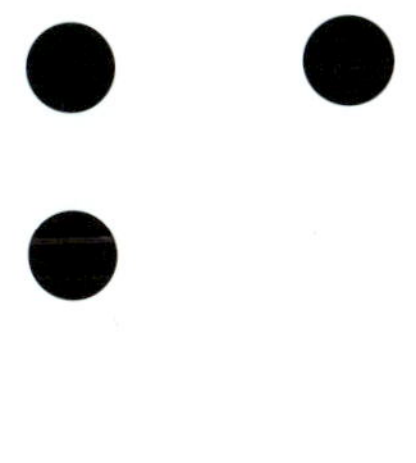	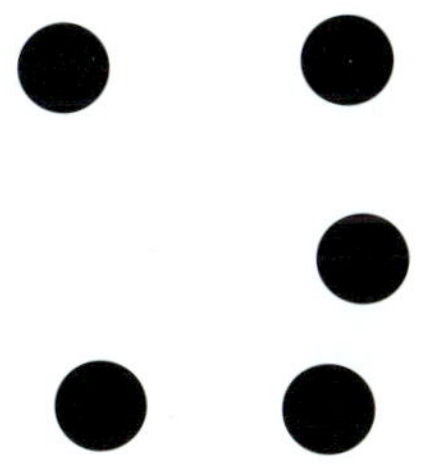	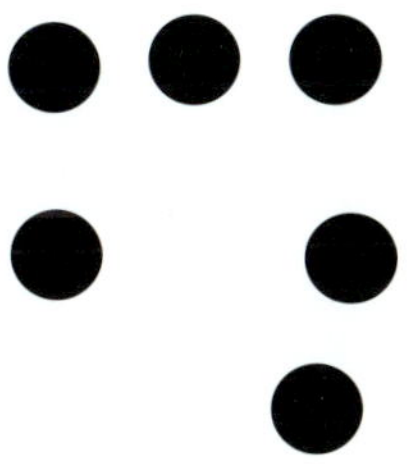	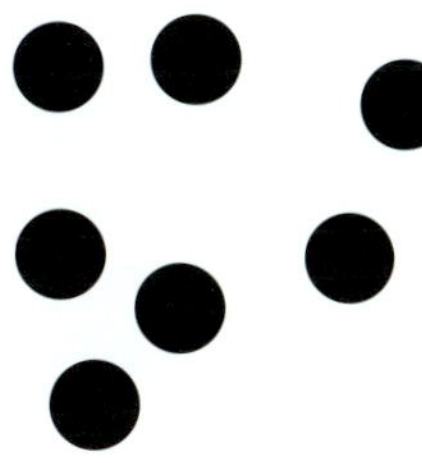	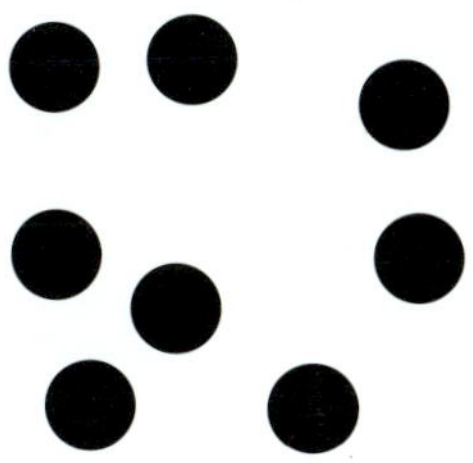
3	5	6	7	8

Dans chaque ligne, colle des gommettes correspondant au nombre.

5	
8	
3	
6	
4	

Comparer

Le nombre est un outil qui permet de comparer les collections. Trois procédures de comparaison peuvent être utilisées.

- **La comparaison visuelle.** Savoir reconnaître visuellement si deux collections ont autant, plus ou moins d'éléments. C'est une compétence précoce qui ne repose pas forcément sur une stratégie mathématique, mais souvent sur une caractéristique physique : la taille ou la hauteur de la collection.
  Par exemple, entre deux bouquets contenant 3 roses et 8 roses, l'enfant désigne spontanément celui qui contient le plus de roses.
- **La comparaison par correspondance terme à terme.** On associe chaque élément de la première collection à un élément de la deuxième. Cette procédure ne fait pas appel au dénombrement et permet de prendre conscience que le résultat ne dépend pas de la disposition des éléments.
- **La comparaison par dénombrement.** L'enfant compte les éléments de la première collection, il y a 8 éléments. Il compte les éléments de la deuxième, il y en a 9. Il compare les deux cardinaux, 9 est plus grand que 8.

Ces trois procédures feront l'objet d'acquisitions progressives de la PS à la GS.
De petits problèmes de comparaison de collections mettront en évidence ces procédures et leur mise en œuvre par l'enfant.
Voici un exemple tout simple : on distribue des images à deux enfants. Comment savoir qui a le plus d'images ?
Pour le savoir, l'enfant va procéder par dénombrement des collections ou par correspondance terme à terme en mettant sur une table une image de chaque enfant face à face.
De nombreux jeux de société permettent de mettre en œuvre ces procédures.
Dans les exemples que nous proposons, la comparaison ne se limite pas à un enjeu de fin de partie mais constitue un moyen de jouer, pour mettre l'accent sur les stratégies utilisées par l'enfant.

La bataille des constellations (pages 50 à 52)

Nous proposons plusieurs variantes de ce classique jeu de société avec les cartes numériques, des cartes classiques ou des cartes de UNO.
Toutes les phases du jeu sont riches en situations de comparaison : distribution des cartes, jeu, fin de partie et désignation du gagnant.
L'utilisation de la planche de jeu (en GS) nécessite une familiarisation avec les signes > = <.

Il y en a moins, plus, autant (pages 53 à 55)

À partir de petites collections d'objets, on amène l'enfant à passer d'une comparaison globale visuelle à une première pratique de la correspondance terme à terme avec les gommettes.

Qui en a le plus ? (pages 56 et 57)

Dans ces deux fiches, on met en évidence les limites de la comparaison visuelle et la nécessité de faire appel à d'autres procédures pour comparer des collections : correspondance terme à terme ou dénombrement.

La confrontation des deux exercices sur les trains permet d'établir la nuance entre la notion de nombre (combien) et la notion de grandeur physique (le plus long). La formulation précise de ces notions est essentielle.
Ne pas hésiter à transposer ces exercices sous la forme de manipulations pour permettre à l'enfant de jouer sur la disposition des objets, de les associer, de les superposer.
Les deux fiches (si nécessaires agrandies au format A3) peuvent faire l'objet d'une utilisation collective. On peut ainsi confronter les avis des enfants, les laisser formuler des hypothèses que l'on pourra vérifier par la manipulation (des consignes complémentaires seront proposées : rechercher ceux qui ont le moins, le même nombre…).

Il y en a autant (pages 58 à 60)

Mêmes problèmes que dans les fiches précédentes. C'est le fameux test de Piaget : la quantité ne change pas en fonction des différentes dispositions spatiales. On veillera aussi à la formulation *« autant, c'est aussi le même nombre »*. Les activités de ces fiches se prêtent également très bien à des manipulations de perles ou de cubes.

Y en a-t-il assez ? À table. Les jouets (pages 61 à 63)

Trois fiches sur la correspondance terme à terme autour d'activités de distribution, de partage.
L'activité sur fiche sera proposée suite à des situations équivalentes dans le cadre de la vie de classe où l'on mettra concrètement en œuvre la notion (goûter, distribution de matériel…).

Autres situations et jeux de comparaison

De nombreuses situations de manipulation ou de jeu se prêtent à ces procédures de correspondance terme à terme avec estimation physique : empiler des objets, des cubes, des abaques, remplir une boîte d'œufs, distribuer des ballons et jouer aux chaises musicales.

Le loto des chiffres et des constellations
Se joue avec des cartes constellations ou nombre et des cartons partagés en 9 cases (à la taille des cartes). Quatre d'entre elles contiennent un chiffre.
Le meneur tire une carte au hasard.
Les joueurs la comparent avec les chiffres (ou les constellations) écrits sur le carton et se manifestent si elle correspond à l'un de ces chiffres. Si c'est le cas, il reçoit la carte.
Le premier joueur qui a rempli sa grille a gagné.

Le jeu des trésors
Il faut un dé et pour chaque joueur une boîte avec le même nombre de jetons.
Le but du jeu est de lancer le dé à tour de rôle et de sortir de sa boîte autant de jetons que le nombre indiqué par le dé.
Le jeu continue jusqu'à ce qu'un des joueurs n'ait plus de jetons dans sa boîte. Il est alors déclaré gagnant.

La bataille des constellations

PS - MS - GS

Description des jeux

Le jeu se pratique par petits groupes de 2 ou 4 joueurs. Voici plusieurs versions adaptées du classique jeu de bataille. Avant de mettre en place des ateliers autonomes, prévoir des séances collectives pour expliquer les règles du jeu et faire le bilan sur les stratégies et la façon de faire évoluer le jeu.

Matériel

- les cartes constellations de 1 à 6 : 4 familles (dé, quilles, bougies, billes...)

1re situation de jeu (PS - MS)

Distribuer toutes les cartes.
« *On en donne autant à chacun.* »

Jeu

On joue à la bataille en regardant et en choisissant les cartes. La partie s'arrête lorsque toutes les cartes ont été jouées. On ne peut poser une carte de même valeur.

	>	
	<	
	=	

	>	
	<	
	=	

Consignes

- *On a le droit de regarder les cartes.*
- *Chaque joueur pose une carte, celle qui a le plus de points remporte le tas.*
- *Les cartes gagnées sont mises de côté, on ne peut pas les rejouer.*

2e situation de jeu (GS)

Pour la deuxième version, préparer une planche de jeu en photocopiant deux fois le modèle et en ajoutant les signes ou les expressions souhaités dans la colonne du milieu.

On dispose la planche de jeu et à côté le tas de petites cartes à l'envers (cartes constellation ou avec chiffre selon le niveau).

Jeu

Le but est de remplir la planche de jeu avec les cartes piochées en tenant compte des signes. Le jeu est terminé lorsque le tableau est complet. C'est une sorte de réussite à plusieurs (on peut d'ailleurs jouer seul).

Consignes

- *Chacun à son tour pioche une carte et la place sur la planche de jeu.*
- *Lorsque cela est impossible, il faut remettre la carte sous la pioche.*
- *Chacun doit veiller à ne pas bloquer le jeu.*

	<	
	>	
	=	
	>	
	<	
	=	

Variantes (GS)

La bataille double (2 à 4 joueurs)

Se joue avec un jeu de cartes traditionnel ou de UNO où l'on a retiré les figures pour ne garder que les chiffres de 1 à 9.

Règle du jeu

On distribue toutes les cartes que l'on pose à l'envers devant soi. Chacun à son tour tire deux cartes sur le dessus de son paquet et les pose l'une à côté de l'autre pour former le plus grand nombre possible.

Exemple. Si on a tiré 1 et 9 on peut faire 19 ou 91. Celui qui a réussi à former le plus grand nombre ramasse les cartes.

La bataille d'addition

Mêmes règles que dans le jeu précédent, mais il faut additionner les points des deux cartes qu'on a posées.

Exemple. Si on a posé 1 et 9, cela fera 10.

Bataille double : exemple de tirage

Le deuxième joueur gagne, mais le premier a mal joué, il aurait dû poser 41 et aurait emporté le pli.

1 4 3 2 2 1

Associer nombre et quantité

autant, plus que, moins que

Situations pédagogiques

Distribution

Comment distribuer les cartes de manière équitable : une par une, chacun à son tour…

Première situation de jeu

Stratégie du choix de la carte : quand on joue le premier, le dernier…

Comment comparer les cartes ? classer, compter…

En fin de partie, qui a le plus de cartes ?

Deuxième situation de jeu

Au début, il vaut mieux proposer des grilles avec un seul signe.

Repérer les positions qui bloquent le jeu (ex. 1>…).

Il n'y a pas de gagnant ni de perdant à ce jeu, c'est une production collective ou individuelle.

Ce jeu s'adapte bien en fonction de l'âge et des capacités des enfants.

L'utilisation des signes <> et = sera réservée aux GS.

Bataille double

Très pratique pour s'entraîner à jouer avec les dizaines et les unités ou s'initier à l'addition.

Bataille

	Placer ici le signe de votre choix <	
	Placer ici le signe de votre choix >	
	Placer ici le signe de votre choix =	

[ACTIVITÉ] | PS - MS | Comparer

Il y en a moins

Colle moins de gommettes que d'objets dessinés.

[ACTIVITÉ] | PS - MS | Comparer

Il y en a plus

Colle plus de gommettes que d'objets dessinés.

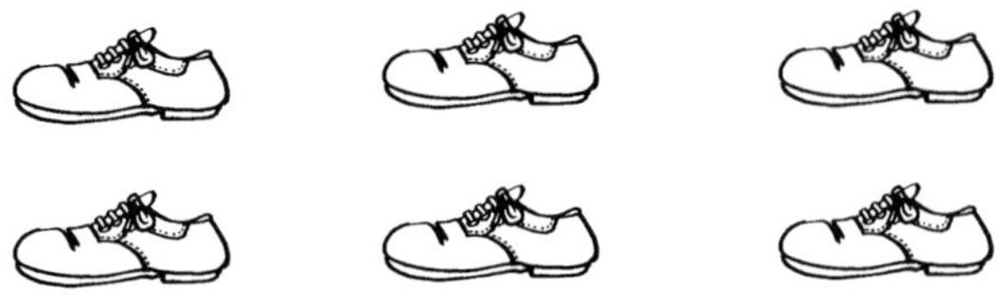

[ACTIVITÉ] PS - MS

Comparer

Il y en a autant

Colle autant de gommettes que d'objets dessinés.

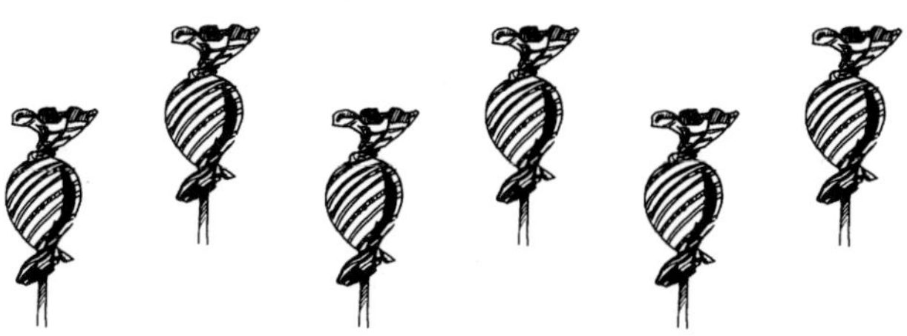

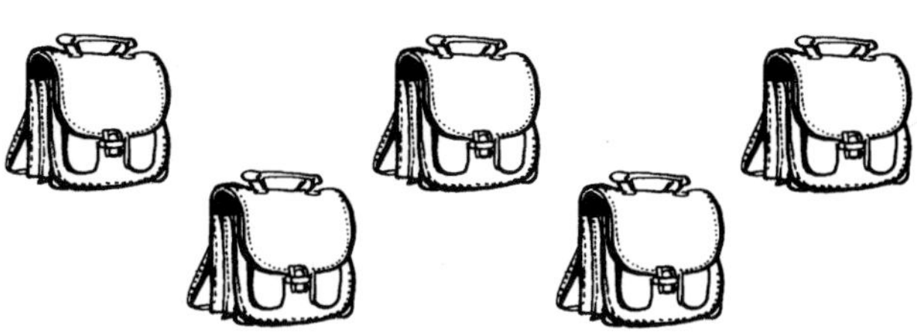

[ACTIVITÉ] | PS - MS

Comparer

comparaison visuelle

Il y en a autant

Dans chaque ligne, colorie les bonshommes qui ont le même nombre de boutons.

[ACTIVITÉ] | MS - GS

Comparer

comparaison visuelle

Il y en a autant

Dans chaque ligne, colorie les colliers qui ont le même nombre de perles.

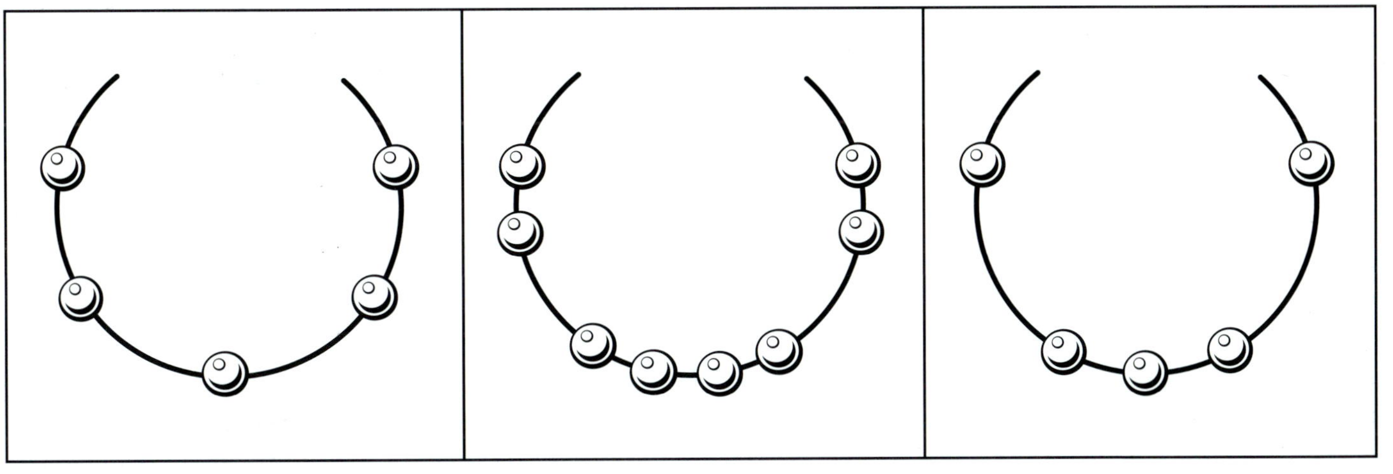

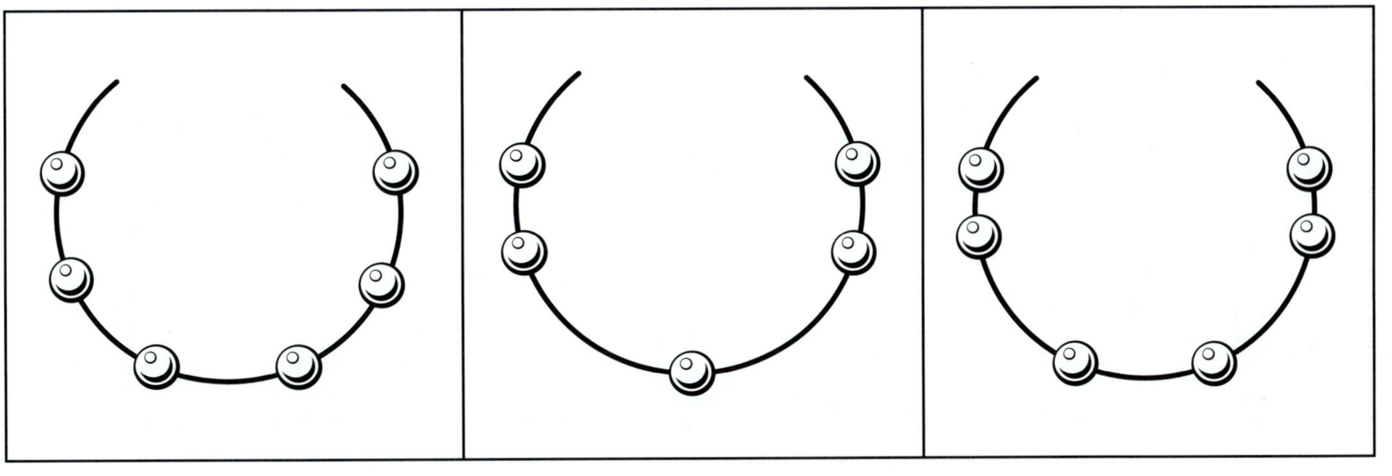

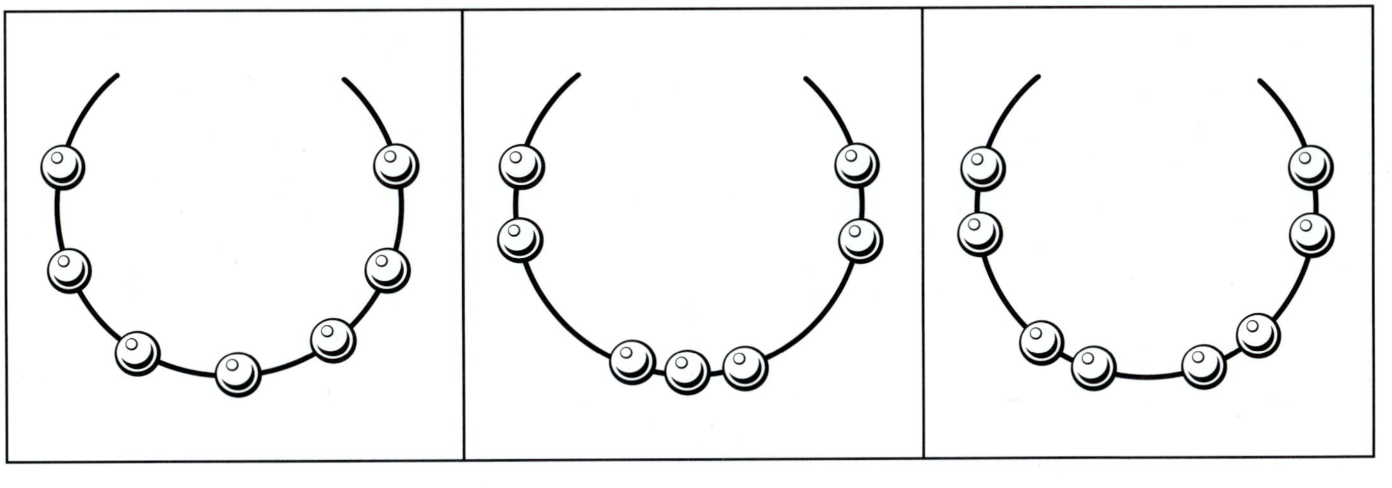

[ACTIVITÉ]	GS	Comparer
Il y en a autant		comparaison visuelle

Dans chaque ligne, entoure les enfants qui ont le même nombre de cubes.

Comparer

correspondance terme à terme

Y en a-t-il assez ?

Donne un ballon à chaque enfant.

[ACTIVITÉ] | MS

Comparer

correspondance terme à terme

À table

Donne une chaise, un verre, une assiette à chaque enfant. Dessine ce qui manque.

[ACTIVITÉ] GS

Comparer

Les jouets

Observe la collection de jouets de chaque enfant.

Entoure celui qui a le plus.

Qui a **le plus** de  → 

Qui a **le plus** de  → 

Qui a **le plus** de  → 

Qui a **le plus** de  → 

Qui a **le plus** de  → 

Résoudre un problème

Au-delà des connaissances et des savoir-faire numériques de base, il est essentiel de confronter l'enfant à des problèmes portant sur des quantités : augmentation, diminution, réunion, complément, distribution, échanges, partage, déplacements en avant ou en arrière pour des positions.

Dans ces situations, l'enfant est amené à utiliser les nombres connus, sans recourir aux opérations usuelles. Il s'agit plutôt de développer une attitude marquée par le sens du problème, de l'énigme, du défi intellectuel qui alterne action et réflexion.

On peut proposer deux grands types de situations dans lesquelles les élèves peuvent découvrir les fonctions du nombre :
- les situations permettant de découvrir que le nombre peut être utilisé comme mémoire de la quantité ou de la position,
- les situations permettant d'anticiper le résultat de certaines actions sur les quantités. La manipulation intervient dans un deuxième temps afin de vérifier, de valider le résultat que l'enfant a anticipé mentalement.

Le jeu des collectionneurs (pages 66 et 67)

Voici une situation d'apprentissage où l'enfant rencontre des obstacles et apprend à les surmonter. Pour constituer sa collection de gommettes, l'enfant est amené à comparer, additionner, faire des échanges.
L'intérêt du jeu tient au fait que les gommettes sont collées sur des bandes qu'il n'est pas permis de découper, ce qui oblige l'enfant à se servir des bandes disponibles dans la pioche. Petit à petit, au fil du jeu, d'intéressantes procédures d'addition et d'échanges apparaîtront.

Devine le nombre
(page 68)

Voici une deuxième situation de jeu de traitement de données par déduction et élimination.

Les perles cachées et les cartes cachées
(pages 69 à 72)

Quatre activités pour travailler sur la notion de complément.
Avant tout travail sur fiche, exploiter largement ces deux activités sous la forme de jeu.
Fabriquer des colliers de 5 à 10 perles et jouer à deviner la partie cachée.
De même avec les cartes.

En cas de difficulté, montrer en parallèle un objet témoin.
On constate que le plus souvent, l'enfant procède par surcomptage : il compte les perles qu'il voit puis continue de compter pour arriver au nombre de perles du collier témoin.

Joue au marchand, joue au libraire, prépare le goûter (pages 73 à 75)

Trois situations problèmes de partage. Avant d'aborder le travail sur fiche, reproduire ces situations en manipulant des objets.
Ces activités amènent l'enfant à découvrir toutes les décompositions additives du nombre.
La discussion pourra aussi porter sur les partages équitables au moment du goûter. *« Il faut que chacun en ait autant. »*

Le nombre mystère (pages 76 à 79)

Voici un passionnant jeu de déduction pour jouer avec les cartes numériques.
Chaque fiche problème propose 4 (MS) ou 8 (GS) indices évoquant des nombres.
L'enfant a entre les mains les cartes de 1 à 5 (MS) ou de 1 à 9 (GS).
À mesure que l'enfant décode les indices, il place sur la grille la carte numérique correspondant.
La carte qui reste est le nombre mystère.
Pour décoder les nombres, l'enfant sera amené à dénombrer des constellations, repérer un nombre dans un objet par analogie, repérer un nombre dans une suite, le trouver à partir d'une somme ou d'un complément…
Il est intéressant de laisser les enfants travailler en petites équipes de 2 à 4 joueurs.
À tour de rôle, chaque enfant pose une carte sur la fiche.
Chaque réponse pourra faire l'objet d'une discussion.

L'enseignant pourra réaliser lui-même des fiches complémentaires en exploitant des analogies ou situations numériques :
- le chiffre indiqué par l'aiguille,
- les tiroirs d'un meuble,
- les carreaux d'un morceau de chocolat,
- la somme de plusieurs pièces,
- les oreilles de 3 lapins,
- …

Quelques autres idées de jeux et situations problèmes

Les jeux :
- le jeu de la marchande,
- les jeux de billes, de dés, de loto, de dominos,
- le jeu de l'oie, les circuits.

Les situations :
- construire une collection ayant le même nombre d'éléments qu'une collection témoin,
- compléter des suites numériques, ce qui manque dans une boîte d'œufs, un calendrier…
- réunir ou additionner des ensembles (billes, oiseaux dans le nid…),
- partager ou répartir des fleurs dans les pots, des bonbons, les enfants dans des groupes…
- échanger, décomposer des groupements d'objets,
- repérer une position, un point d'arrivée, la valeur d'un déplacement dans un circuit ou une grille.

Le jeu des collectionneurs

MS - GS

Description du jeu

Le jeu se pratique par groupes de 4 ou 5 joueurs. Mais on peut aussi envisager des phases de jeu en grands groupes notamment lors des moments de verbalisation ou de formalisation des procédures d'échanges.

La situation de jeu comprend deux temps

- Chaque joueur lance le dé à tour de rôle et prend autant de gommettes qu'il y a de points sur le dé en piochant dans les bandes qui restent. On ne peut pas découper les bandes ni décoller les gommettes.
  Chaque enfant se constitue ainsi une collection de bandes de gommettes.
- En fin de partie, on compare les collections de gommettes des joueurs.
  Le jeu s'arrête au bout d'un nombre de tours décidé en début de partie.

À noter : c'est le nombre de bandes mis à disposition par l'enseignant qui va permettre de faire évoluer la situation de jeu en rendant nécessaires les décompositions et les échanges.

Matériel

- un dé
- des bandes de carton où l'on a collé des gommettes toutes identiques : bandes de 1, 2, 3, 4, 5 et 6
- un plateau (pioche) où l'on disposera les bandes de gommettes

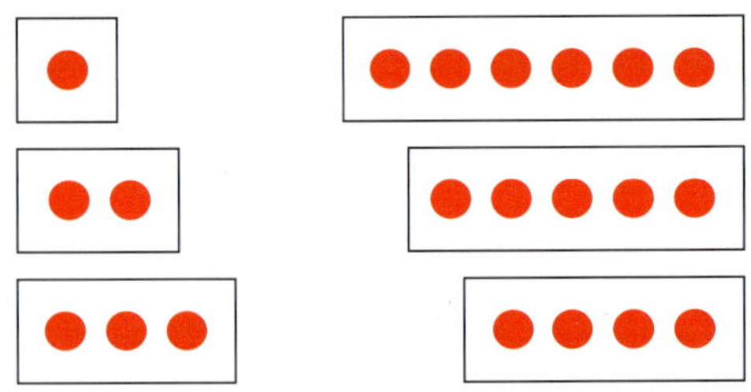

⚠ Chaque bande est à réaliser en plusieurs exemplaires.

Déroulement du jeu

Constituer la collection

« Lance le dé et pioche le nombre de gommettes indiqué par le dé en choisissant une ou plusieurs bandes ».

Échanger

En cours de partie, l'enfant peut être confronté à un manque de bandes pour obtenir le nombre de gommettes indiqué par le dé.

Exemple : comment piocher 2 gommettes alors qu'il ne reste que les bandes suivantes →

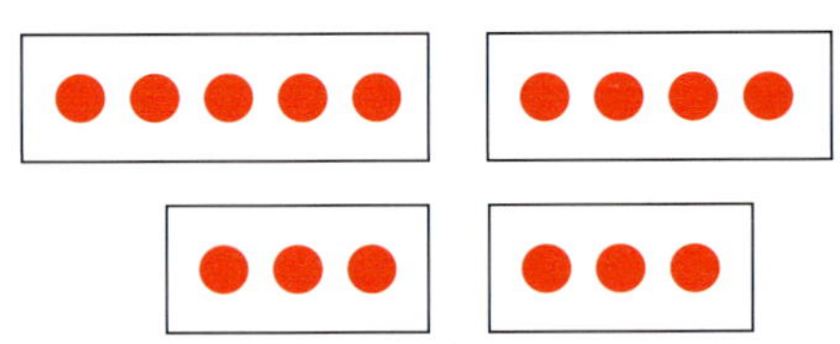

Évolution en GS

Pour favoriser les situations d'échanges, on pourra ajouter des bandes allant jusqu'à 10 gommettes en les disposant de façon à éviter les comptages.

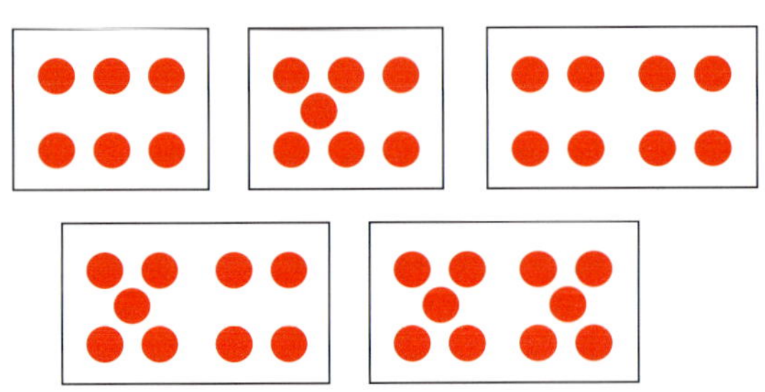

Variante avec des cartes numériques

On remplace les bandes de gommettes par des cartes (chiffres de 1 à 10).
Les manipulations sont alors réalisées directement sur les nombres et permettent d'approcher les décompositions numériques.

Construire une collection-nombres de 1 à 6

anticiper, comparer, échanger, réunir

Situations pédagogiques

Comparer

Une première difficulté consiste à faire la distinction entre bandes et gommettes.

Composer, décomposer

En début de partie, la pioche contient toutes les bandes désirées. Progressivement, certaines bandes vont faire défaut et l'enfant est amené à en utiliser plusieurs pour obtenir le nombre de gommettes indiqué par le dé (si le dé indique 5, le joueur peut prendre une bande de 4 et une bande de 1).

Verbaliser les différentes manières d'obtenir les gommettes : *« 5 gommettes, c'est une bande de 3 gommettes et une bande de 2 gommettes ».*

Les compositions ainsi réalisées permettent de visualiser des décompositions additives sans pour autant les formaliser.

En MS, on pourra proposer autant de bandes de chaque sorte et en quantité pour que l'enfant ne se trouve pas dans une situation de manque et puisse choisir.

Échanger

Deux procédures peuvent être imaginées.

- **1re solution.** Échange de bandes équivalentes avec la pioche : je prends une bande de 3 et je donne la même chose (une bande de 2 et une bande de 1). J'ai alors la possibilité d'obtenir les 2 gommettes indiquées par le dé.
- **2e solution.** Pour obtenir les 2 gommettes, je prends une bande de 3 et je rends une bande de 1.

On retrouve ici de nombreuses situations propres au jeu de billes, au jeu de la marchande…

Devine le nombre

MS - GS

Description du jeu

Un joueur cache un certain nombre de jetons dans le sac ou sous le mouchoir.
Les autres joueurs cherchent à trouver le plus vite possible le nombre de jetons cachés en posant des questions.
L'évolution du jeu amène les enfants à mettre au point des stratégies de déduction, d'élimination et d'encadrement pour découvrir le nombre.

Matériel

- 10 jetons
- les cartes numériques de 1 à 10
- un mouchoir ou un petit sac pour cacher les jetons

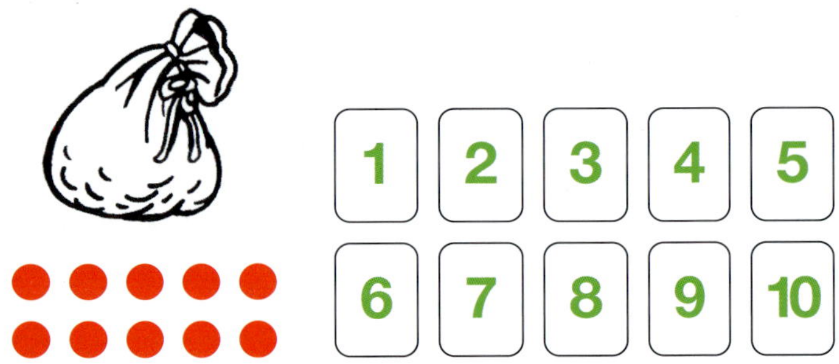

Déroulement du jeu

Le jeu peut se jouer en petit groupe ou en groupe classe.

Les cartes sont étalées sur la table.

1re séquence : imprégnation de la règle du jeu

Consigne « *Un joueur cache des jetons dans le sac. Il peut en cacher entre 1 et 10. Les autres joueurs posent des questions pour trouver combien il y a de jetons cachés.* »

À chaque réponse négative, on retourne la carte qui correspond.

2e séquence : notion de moins que et plus que

Vous ne pouvez répondre que par « *il y en a moins* » ou « *il y en a plus* ».

Variante

Un prolongement simple peut être réalisé en fournissant à chaque enfant une bande numérique (ci-dessous).

On y reporte les données en rayant les nombres qui ne conviennent pas.

1	2	3	4	5	6	7	8	9	10

Situation-problème induite

1re séquence

Les premières questions induisent la réponse oui ou non.

Exemple : « *Est-ce qu'il y en a 8 ?* »
Il faut beaucoup de questions pour trouver le nombre.
Que peut-on faire pour trouver le nombre plus vite ?
- améliorer la disposition des cartes (en les rangeant dans l'ordre numérique),
- utiliser d'autres questions : moins ou plus.

2e séquence

Bilan sur la manière de gérer les réponses et les cartes.
On retourne toutes tes cartes qui sont avant quand la réponse est « *il y en a plus* »
et toutes celles qui sont après quand la réponse est « *il y en a moins* ».

[ACTIVITÉ] | MS

Résoudre un problème

compléter une collection

Les perles cachées

Septune a un collier de 5 perles.
Combien de perles cache-t-elle dans sa main ?
Colle des gommettes pour les perles cachées.

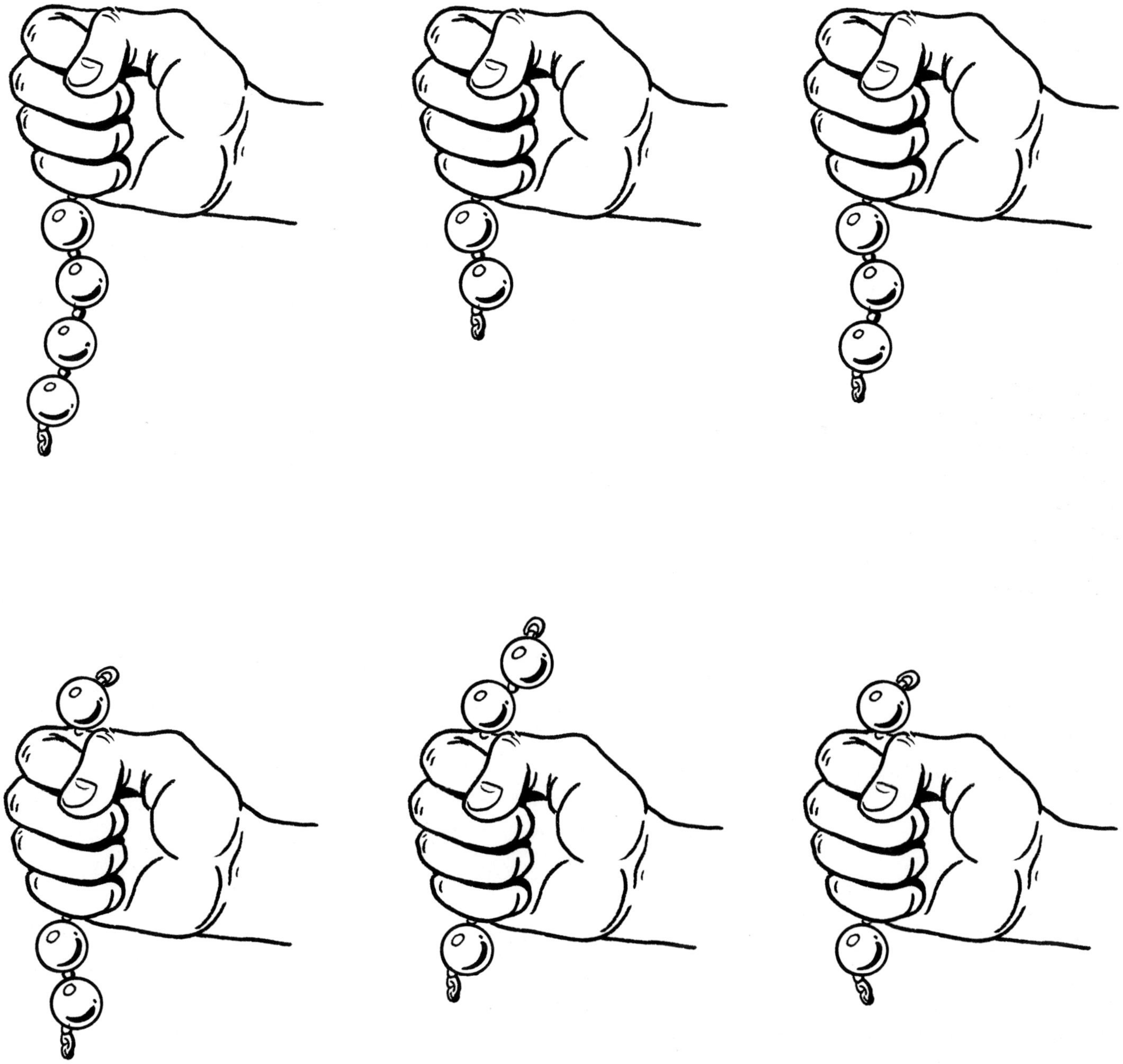

[ACTIVITÉ]	GS	Résoudre un problème
Les perles cachées		compléter une collection

Septune a un collier de 8 perles.
Combien de perles cache-t-elle dans sa main ?
Pour t'aider, tu peux dessiner ou coller des gommettes.

[ACTIVITÉ] MS

Les cartes cachées

Résoudre un problème

compléter une collection

Dessine les figures cachées par Troisix.

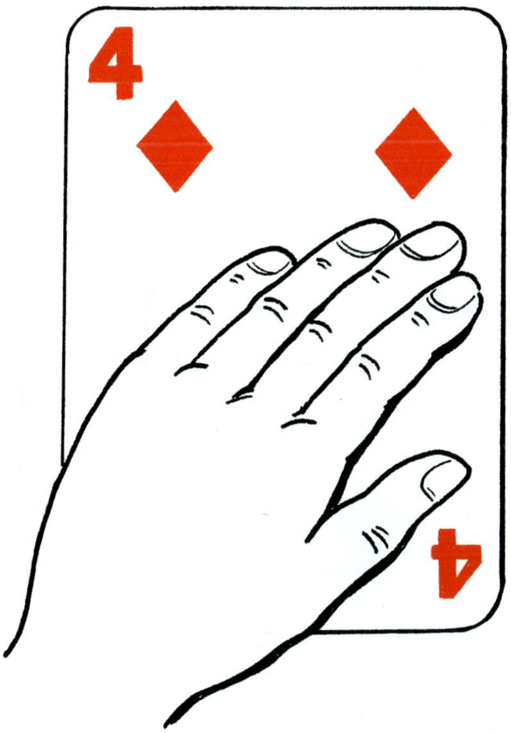

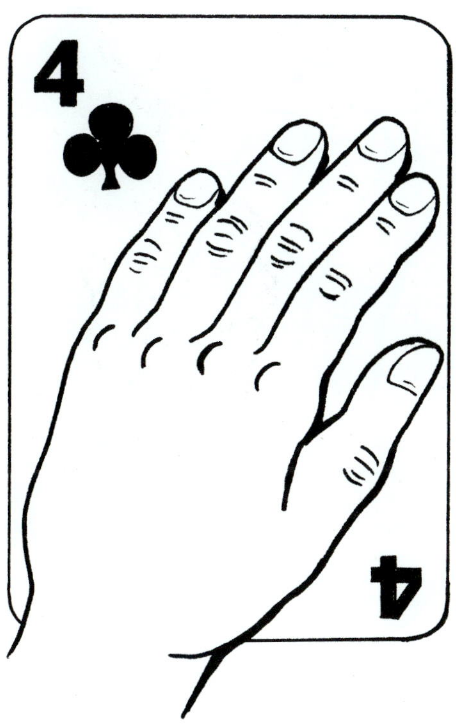

[ACTIVITÉ] | GS

Résoudre un problème

compléter une collection

Les cartes cachées

Dessine les figures cachées par Troisix.

[ACTIVITÉ] | PS - MS

Résoudre un problème

partager une collection

Joue au marchand

Dessine toutes les façons de répartir 6 pièces de monnaie dans tes deux mains.

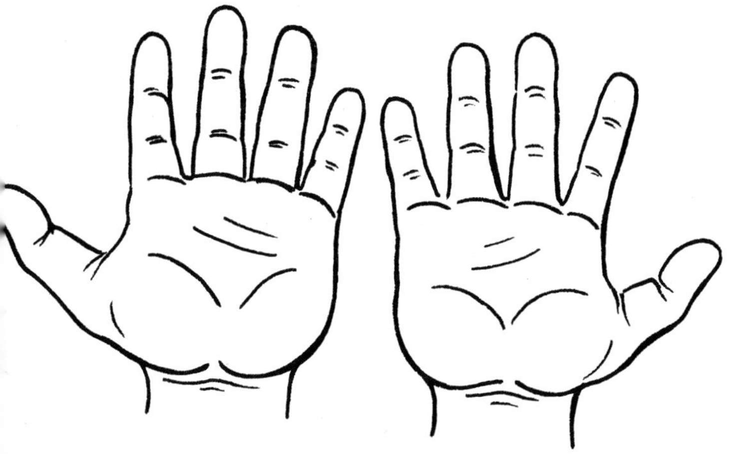

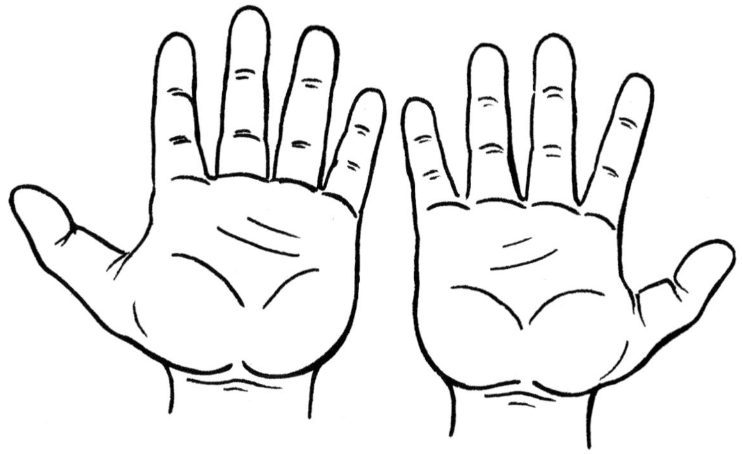

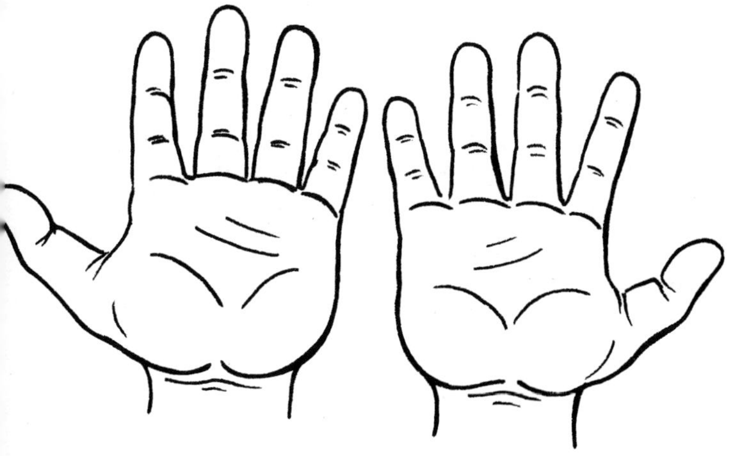

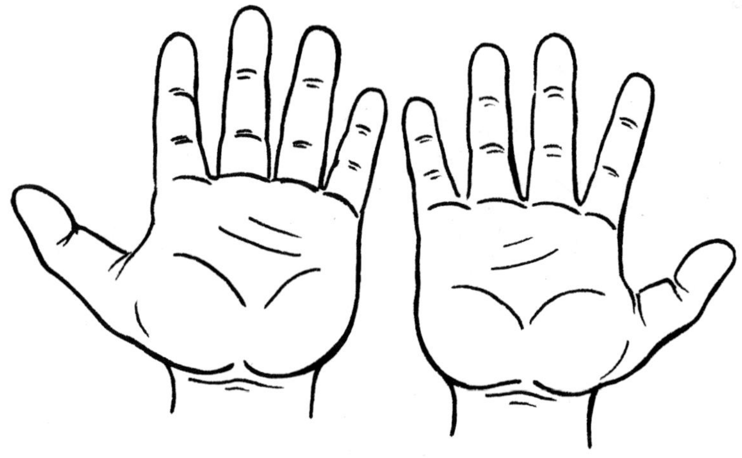

[ACTIVITÉ] | MS

Résoudre un problème

partager une collection

Joue au libraire

Dessine quatre façons différentes de répartir 7 livres dans les étagères.

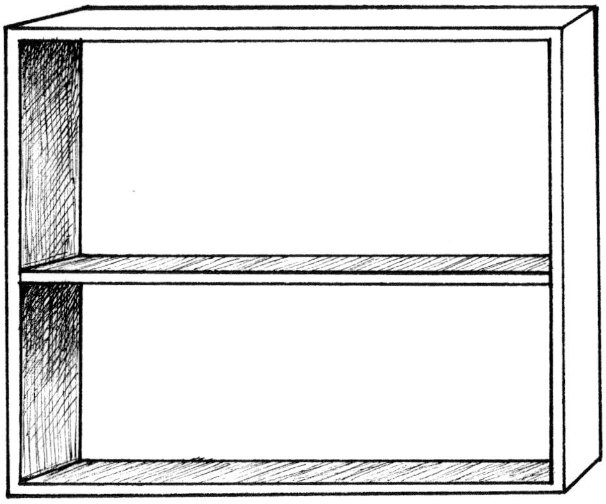

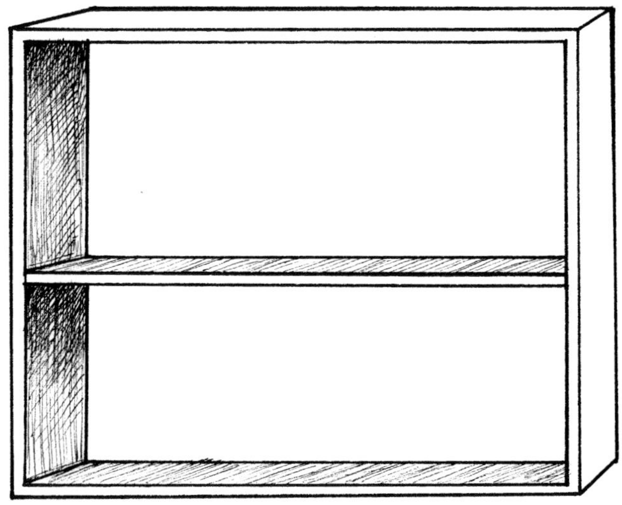

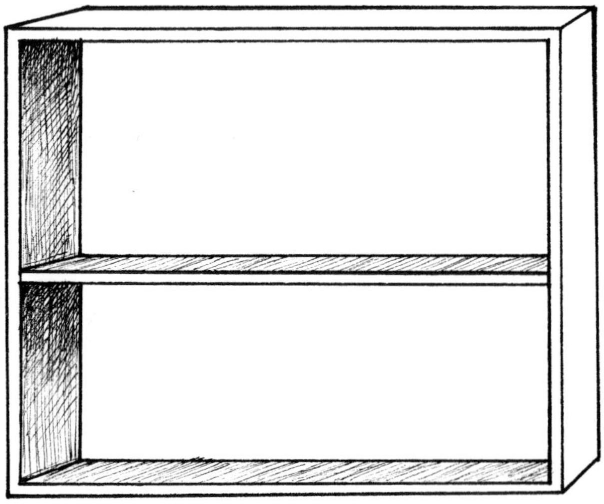

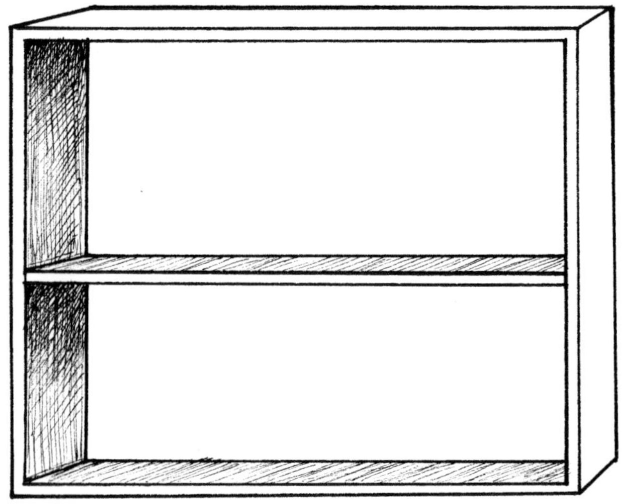

[ACTIVITÉ] | GS

Prépare le goûter

Résoudre un problème

partager une collection

Partage la tablette de chocolat entre les enfants.

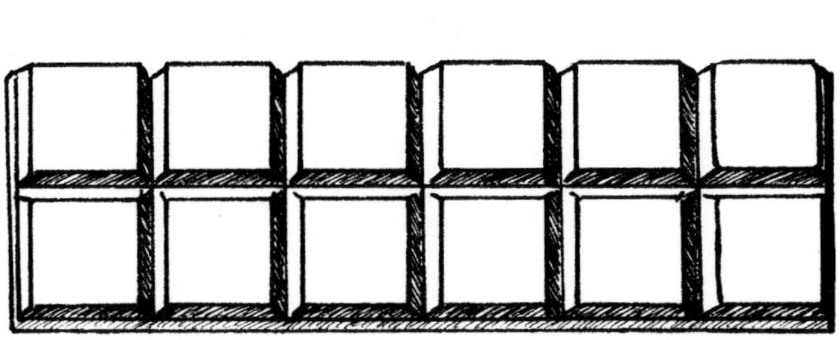

[ACTIVITÉ] | MS

Résoudre un problème

jeu de déduction

Le nombre mystère

Pour ce jeu, il te faut les cartes numériques de 1 à 5.

Place quatre cartes sur les dessins. Celle qui reste est le nombre mystère.

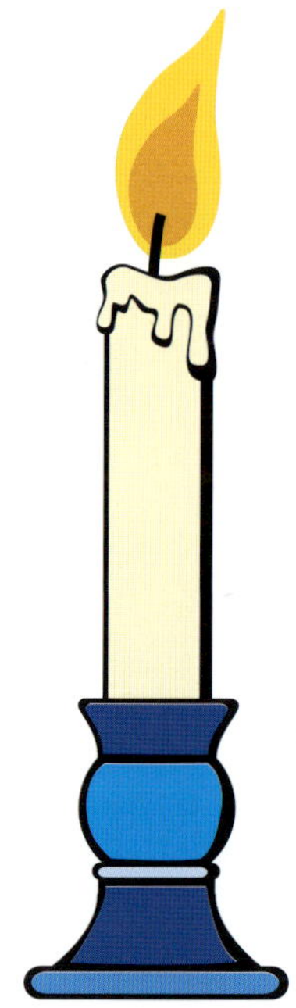

[ACTIVITÉ] | MS

Le nombre mystère

Résoudre un problème

jeu de déduction

Pour ce jeu, il te faut les cartes numériques de 1 à 5.

Place quatre cartes sur les dessins. Celle qui reste est le nombre mystère.

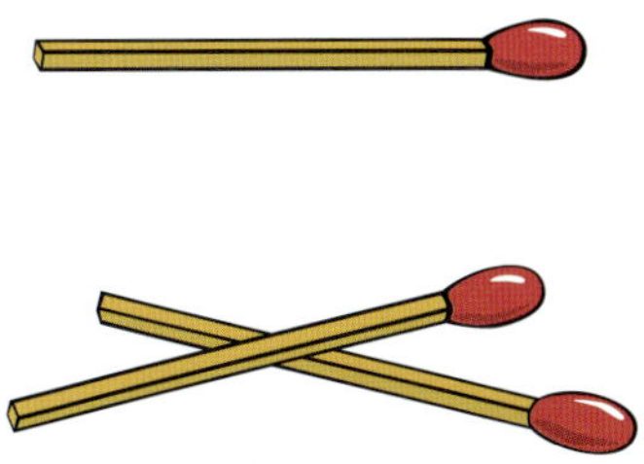

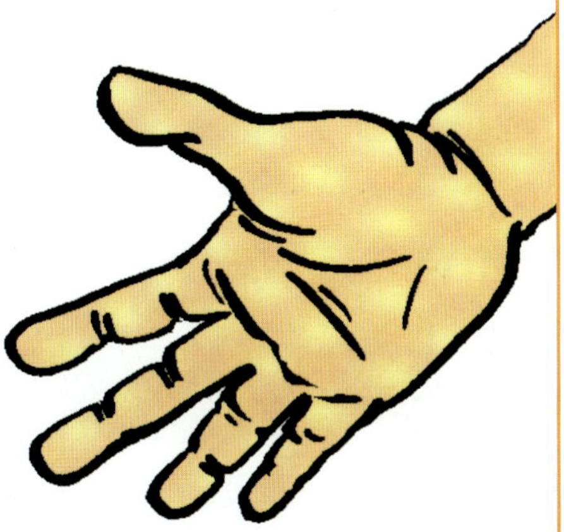

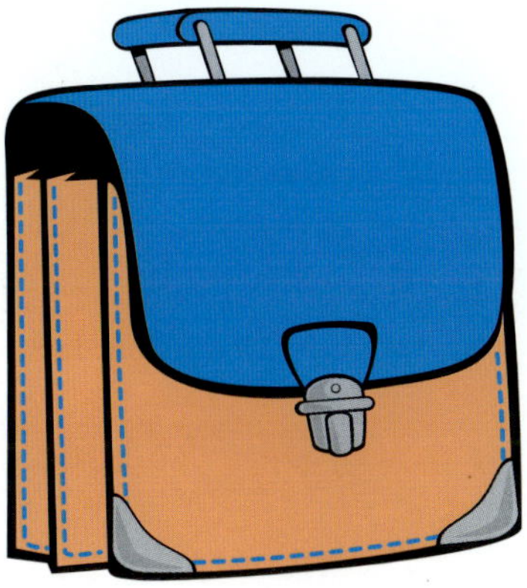

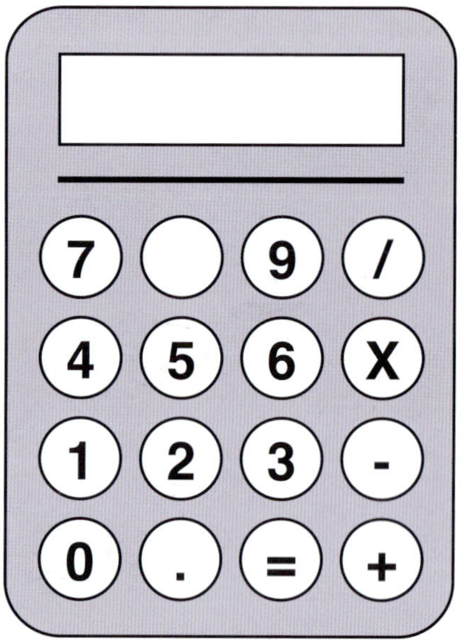

Place 8 cartes sur les dessins, celle qui reste est

?

le nombre mystère

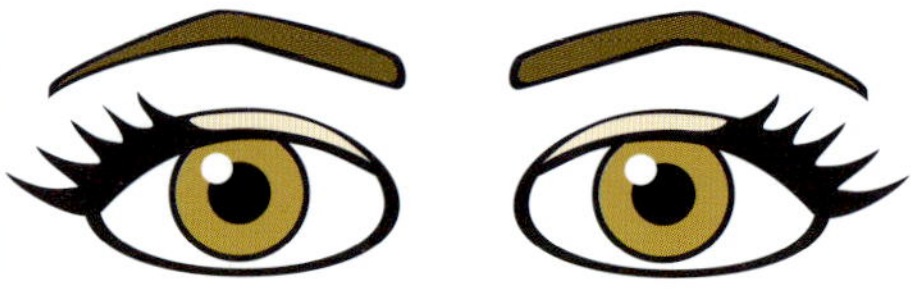

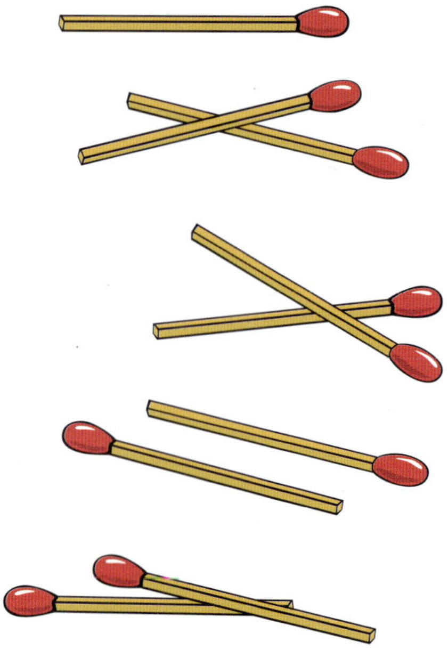

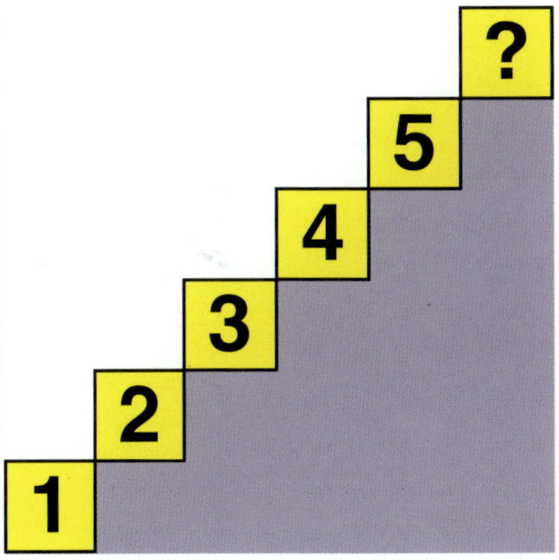

Place 8 cartes sur les dessins, celle qui reste est

?

le nombre mystère

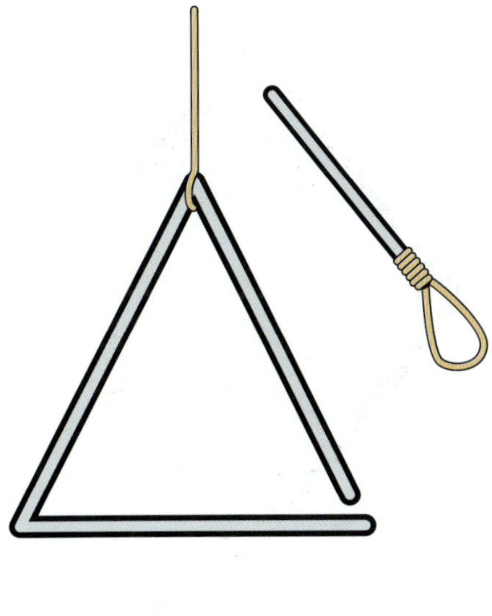

DES OUTILS PROGRESSIFS ET EFFICACES POUR L'APPRENTISSAGE MATHÉMATIQUE

80 pages
30 €

84 pages
30 €

80 pages
35 €

104 pages
30 €

96 pages
30 €

88 pages
30 €

96 pages
30 €

96 pages
30 €

80 pages
30 €

DES PRATIQUES DE MAÎTRES

Envoi gratuit du catalogue annuel des éditions **ACCÈS**
sur simple demande auprès de :

ACCÈS Éditions
13 rue du Château d'Angleterre
67300 SCHILTIGHEIM
Tél. 03 88 79 97 67
Fax 03 88 79 09 85
www.acces-editions.com

55 JEUX DE NOMBRES

13 rue du Château d'Angleterre
67300 Schiltigheim

Conception et réalisation :
Gérard Brasseur

Illustrations : Caro

Photos : Gérard Brasseur

Conception graphique :
Ligne à Suivre Strasbourg

Imprimé en Italie

Dépôt légal : mars 2003
4e édition octobre 2011
ISBN : 978-2-909295-81-7

Ce document est une réalisation

ACCÈS Éditions

13 rue du Château d'Angleterre
67300 Schiltigheim
Tél. 03 88 79 97 67

55 jeux de nombres 2 à 6 ans
ISBN 978-2-909295-81-7
9 782909 295817
35 €